MARK FOSTER

ATÉ QUE ENFIM MAIS
tempo!

FAÇA TUDO E MAIS UM POUCO

2009, Editora Fundamento Educacional Ltda.

Editor e edição de texto: Editora Fundamento
Capa e editoração eletrônica: Desdobra – Design do Brasil / Duilio David Scrok
CTP e impressão: SVP – Gráfica Pallotti – Santa Maria

Publicado originalmente por Hodder & Stoughton, em 2000, na Grã-Bretanha.

Copyright © 2000 por Mark Foster

Dados Internacionais de Catalogação na Publicação (CIP)
(Câmara Brasileira do Livro, SP, Brasil)

Forster, Mark
    Até que enfim mais tempo / Mark Forster; [versão brasileira da editora] – 1. ed.
São Paulo, SP: Editora Fundamento Educacional, 2009

    Título original: Get everything done: and still have time to play

    1. Administração do tempo
    2. Auto-ajuda – Técnicas 3. Autogerenciamento (Psicologia) I. Título

08-01990   CDD-646.7

Índice para catálogo sistemático:
1. Administração do tempo: Vida pessoal   646.7

Fundação Biblioteca Nacional

Depósito legal na Bibliteca Nacional, conforme Decreto nº 1.825, de dezembro de 1907.
Todos os direitos reservados no Brasil por Editora Fundamento Educacional Ltda.

Impresso no Brasil

Telefone: (41) 3015 9700
E-mail: info@editorafundamento.com.br
Site: www.editorafundamento.com.br

Sumário

Introdução 5

Parte Um – Administrando o tempo ou administrando a vida?

1 Experiência própria 10
2 A necessidade de administrar melhor a vida 22

Parte Dois – Técnicas

3 A ferramenta número um da administração do tempo: dizer não 33
4 Métodos comuns de administração do tempo 49
5 O que é preciso em um sistema de administração do tempo e da vida 66
6 Os diferentes tipos de tarefas 75
7 Tarefas de fluxo livre 85
8 Variações sobre o sistema 102
9 Cuidando de projetos 115
10 Estruturando o trabalho 125

Parte Três – Além das técnicas

11 Resistência: a placa que indica o caminho 141
12 Como o princípio da resistência funciona na prática 160
13 Ainda sobre as atividades profundas 176

Introdução

O título deste livro – Até que enfim mais tempo – pode parecer um sonho impossível para muitos de nós, que vivemos em meio à crescente agitação do mundo moderno. A tecnologia e os meios de comunicação dos dias de hoje fazem com que vozes, cada vez mais estridentes, clamem por nossa atenção. Mudanças profundas no ambiente de trabalho e nas estruturas da sociedade parecem ter provocado o desagradável e indesejado efeito de aumentar a pressão sobre o desempenho e a aquisição de bens materiais. Trabalho e prazer foram nitidamente separados em nossas mentes, à semelhança de rivais que travam uma luta de vida ou morte. Agimos como se cada minuto de lazer fosse uma ofensa ao trabalho, e como se cada minuto de trabalho roubasse o tempo da "vida real" de diversão, família e amigos.

Estou profundamente convencido de que essa aparente competição não passa de cenário. Na minha opinião, quando não encontramos tempo para o lazer, o trabalho sofre, assim como, de modo correspondente, nossa vida se enriquece com o trabalho bem-feito. Acredito também que as tarefas executadas com determinação e concentração tornam-se menos estressantes do que aquelas às quais faltam empenho e foco. E creio ainda que, ao limitar deliberadamente as horas de trabalho, realizamos mais e com melhor resultado. Antes de escrever esta introdução, li no jornal que na França, depois de aprovada uma lei que restringia o período de trabalho semanal a 35 horas, a competitividade da indústria aumentou em vez de reduzir, conforme muitos esperavam.

Em resumo, acredito que se trabalho e lazer estiverem em equilíbrio, um contribui para o sucesso do outro. Além disso, as tarefas são mais bem-executadas quando vistas sob a forma de divertimento, e este também se beneficia do fato de ser levado tão a sério quanto o trabalho. Espero e desejo que este livro ajude você a equilibrar a vida. Mas a leitura em si não faz milagre: você precisa agir para pôr o conteúdo em prática e, em especial, executar os muitos exercícios sugeridos.

Antes de entrarmos no corpo do livro, vou falar de um exercício que deve tornar-se uma prática diária e contínua, mesmo depois que você terminar a leitura. Embora eu acredite que técnicas de resultado rápido ocupem um lugar de importância – e este livro apresenta muitas delas –, assumir o controle da vida é uma questão de treinamento e persistência. O exercício que você vai conhecer a seguir é um largo passo em direção a tal resultado. Se praticado da maneira adequada, é garantia de eficácia e diversão.

Exercício: Treinamento de força mental

Você é uma pessoa determinada? Consegue cumprir o que decide fazer? Ou sofre de fraqueza mental, não faz nem a metade do que pretende e passa o tempo reagindo às circunstâncias, em vez de avançar em direção aos seus objetivos e ambições? O simples fato de estar lendo este livro é um sinal de que você provavelmente não acha que a sua força mental seja das melhores.

A força mental já foi considerada uma das qualidades mais importantes. Hoje, a inteligência e a formação vêm ganhando evidência, mas isso não anula o fato de que a determinação possivelmente tem peso bem maior quando o objetivo é uma vida feliz e bem-sucedida. Esse é um exercício para desenvolver a força mental, tal como os exercícios com pesos desenvolvem a força física. Nos dois casos, os princípios são similares: o aumento da resistência e o número de repetições dependem da capacidade individual. O programa se adapta exatamente ao seu nível de força no momento.

Tudo o que você tem a fazer é, toda noite, escolher uma tarefa para cumprir no dia seguinte, sem falta. Ajuste o nível de dificuldade, de modo que se sinta razoavelmente confiante em sua capacidade. E no dia seguinte, cumpra a tarefa!

Tendo alcançado sucesso, decida outra para o próximo dia, um pouco mais difícil, mas que não abale a sua confiança.

Caso não consiga, é sinal de que escolheu uma tarefa difícil demais. Não aceite suas desculpas. Se não conseguiu é porque falhou – ponto final. Escolha para o outro dia uma tarefa mais fácil. Continue assim, dia após dia, cada tarefa um pouquinho mais difícil do que a anterior sempre que tiver êxito, e mais fácil quando fracassar. Avance aos poucos, recuando apenas quando perceber que exagerou na dificuldade. Defina as tarefas claramente, para que possa saber se conseguiu realizá-las ou não.

> O QUE CONTA É CUMPRIR O QUE FOI *DECIDIDO.*

Para algumas pessoas, esse exercício é surpreendentemente difícil, pois são acostumadas a reagir aos acontecimentos e agir por impulso, que a idéia de tomar uma decisão consciente contraria seu modo de pensar. Provavelmente, esse não é o seu caso. Ainda assim, é melhor começar por tarefas realmente fáceis e ir aumentando a dificuldade, até alcançar sua capacidade máxima. Não importa se as tarefas escolhidas têm ou não a ver com trabalho ou lazer. Isso não faz a menor diferença. O que conta é cumprir o que foi *decidido*.

Em algum momento, só haverá tarefas difíceis, mas você vai cumprir todas. É hora de passar para a fase seguinte: selecionar dois itens a cada dia. Reduza o nível de dificuldade, para sentir-se confiante no cumprimento das duas tarefas. O processo é o mesmo: depois de avançar até o máximo de dificuldade, passe para três tarefas por dia. Continue assim, até alcançar o ponto de fazer uma lista de tarefas para o dia seguinte, com a certeza de cumpri-las. Que tipo de efeito você acredita que esse fato possa ter sobre sua vida? Organize um rol de aspectos que seriam afetados.

Talvez você leve muito tempo – anos – para chegar a tal ponto, mas persevere, um dia de cada vez. Assim como nos exercícios com pesos, o efeito é gradual. No entanto, desde os primeiros estágios, você vai notar a diferença no controle sobre a vida. E o processo apresenta outra característica comum aos exercícios com pesos: ler sobre o assunto não altera coisa alguma. Sem se exercitar, é impossível aumentar a força. Enquanto isso, você pode contar com a ajuda do restante deste livro!

Parte Um

Administrando o tempo ou administrando a vida?

Nel mezzo del cammin di nostra vita
mi ritrovai per una selva oscura,
che la diritta via era smarrita.

A meio caminho da jornada da nossa vida,
eu me descobri vagando em uma floresta escura,
e percebi que estava perdido.

(Dante, Inferno I, 1-3)

1
Experiência própria

Se você tem dificuldade de terminar tarefas, saiba que não é a única criatura com essa característica. O mundo está cheio de gente como nós. Como nós? Sim, porque tive esse problema no passado, como qualquer pessoa. Mas existe esperança. O que pretendo partilhar com você neste capítulo é a minha experiência: deixei de ser uma pessoa com pouco controle da vida, para tornar-me – ao menos na maior parte do tempo – alguém que completa todas as tarefas e ainda tem tempo para se divertir. Na verdade, minha vida, hoje, é tão variada e interessante, que considero diversão quase tudo o que faço. A maior mudança que me aconteceu foi aprender a aproveitar a vida agora, hoje, e não no futuro, quando as coisas forem diferentes. Veja como fiz isso.

Durante toda a minha vida, tive problemas com o tempo

Às vezes, parece que muitos dos autores de livros sobre administração do tempo nunca tiveram problemas de organização. Boa parte de seus conselhos está em um nível alto demais para os que enfrentam essa dificuldade, e tais conselhos só servem para nos fazer sentir culpa por não correspondermos ao que se espera de nós. Este livro é diferente. Foi escrito por alguém naturalmente desorganizado. Por toda a minha vida, tive problemas com o tempo e sofri com a frustração causada pelo adiamento da execução de tarefas e pela falta de ordem. Portanto, se você considera impossível encaixar todas as suas atividades em um dia, saiba que compreendo perfeitamente, por dolorosa experiência própria.

Neste livro, vou contar sobre a luta para conseguir me organizar e o desespero que me fez desenvolver técnicas próprias. São essas técnicas que quero partilhar com você, pois sei que já ajudaram muita gente. Aos poucos, descobri que não existe isso de administração do tempo. O tempo existe, simplesmente. O que podemos aprender a administrar é como, quando e para onde devemos dirigir nossa atenção. Ainda vou repetir muitas vezes que a atenção regular e concentrada é a chave que resolve praticamente todos os problemas e desafios. Quanto melhor aprendermos a direcionar e focar a atenção, mais capacitados estaremos para viver, pois tudo começará a mudar.

> QUANTO MAIS DIRECIONARMOS NOSSA ATENÇÃO, MAIS CAPACITADOS ESTAREMOS PARA VIVER.

Claro que, de um modo ou de outro, as coisas mudam constantemente. A decisão a tomar é: envolvemo-nos ou não na mudança? Se deixarmos de lavar a louça durante dias, a sujeira vai endurecer e tomar um aspecto repugnante. Mas, se prestarmos atenção, a transformação dar-se-á no sentido de manter um ambiente limpo, arrumado, com a louça pronta para ser utilizada. A atenção representa o progresso da humanidade. Nos casos em que o ser humano não progrediu, foi porque ignorou a mudança ou resistiu a ela, em vez de prestar atenção ao que se passava.

Não pretendo, porém, fazer deste livro um tratado de Filosofia. Minha intenção é apresentar um manual prático, escrito para os desorganizados em qualquer circunstância. Então, quando forem postas em prática as técnicas aqui abordadas, você vai adquirir mais controle sobre sua vida e descobrir um novo senso de poder – a certeza de que, quando uma meta não for alcançada, não será por falta de empenho. Assim, o medo de falhar vai diminuir, pois você saberá que pode confiar em si para levar as tarefas até o fim.

Minhas lembranças mais remotas estão ligadas ao adiamento do cumprimento de tarefas. Quando estudante, costumava deixar para fazer o trabalho de casa no último momento. Impressionante como eu era bom nisso. Preferia acordar às 5 horas de uma manhã gelada (naquele tempo, isolamento térmico e aquecimento central não eram comuns), a estudar com relativo conforto na noite anterior. Na verdade, achava a noite tão agradável, que não queria estragá-la fazendo o trabalho de casa. Assim, inevitavelmente, havia manhãs em que não conseguia acordar, e tinha de sofrer as conseqüências – que eram consideráveis!

Se a protelação é um problema durante os anos de estudo, torna-se muito pior quando ficamos adultos e começamos a trabalhar. Colégios e universidades contam com uma estrutura bastante clara. São relativamente poucas as tarefas a cumprir. Mas o mundo adulto, com suas responsabilidades, é muito diferente. A quantidade de tarefas aumenta bastante, a não ser que se trate de um trabalho muito simples e repetitivo. Os cargos executivos ou administrativos são ainda mais trabalhosos, e no caso de empresários, as possibilidades são praticamente infinitas. Como resultado, é facílimo estar sempre ocupado, sem, no entanto produzir significativamente. Somos então envolvidos por trivialidades que, em geral, representam o caminho de menor resistência.

O fato de não fazer as coisas no momento certo prejudicou seriamente meu trabalho. Eu vivia às voltas com tarefas, sabendo que faria de tudo para evitá-las. E quanto mais eu fugia delas, mais difíceis se tornavam.

Quando assumia o trabalho, eu era bom no que fazia. Mas o hábito de adiar o cumprimento de tarefas reduziu minhas chances de progresso na carreira. Não me faltavam inteligência nem capacidade. O que me impediu de atingir todo o meu potencial foram simplesmente os efeitos frustrantes da protelação e da má administração do tempo.

E o problema não afetou apenas minha vida profissional. Comecei, mas não concluí, muitos programas para aperfeiçoamento e elevação de salário. Assim que o entusiasmo inicial esfriava, a resistência aumentava, e eu não conseguia completar o que havia iniciado.

Assim, a protelação se tornou, para mim, um estilo, o que prejudicou seriamente minha qualidade de vida. Sempre tive a impressão de estar perdendo muitas coisas boas, simplesmente por não ser capaz de tentar melhorar.

Conheci indivíduos naturalmente capazes de administrar bem a vida.

Muitos daqueles que conheci e com quem trabalhei tinham o mesmo problema que eu, em maior ou menor grau, cada um a seu modo. Alguns levavam as tarefas até o fim, mas tinham dificuldade em obedecer aos prazos; outros cumpriam muito bem as tarefas de que gostavam, mas descuidavam-se das que consideravam desagradáveis; e outros, ainda, não eram nem um pouco confiáveis para realizar tarefas rotineiras, mas tinham enorme capacidade para inventar e levar adiante projetos incrivelmente criativos. Um traço, porém, era comum a quase todos: deixavam de aproveitar a vida ao máximo, em todos os aspectos.

Tive a sorte de trabalhar para duas pessoas que eram exceções a essa regra: diferentes em termos de caráter, mas com a característica de serem sempre bem-sucedidas no trabalho. Por acaso, ocupavam posições de alta responsabilidade em ocasiões muito perigosas e difíceis. Como preferiam andar pela empresa, passavam pouquíssimo tempo em suas mesas de trabalho, que mantinham não somente arrumadas, mas vazias. Por mais que lhes chegassem papéis às mãos, eram logo despachados e decretadas as providências. As decisões eram tomadas sem perda de tempo. Como resultado, os negócios avançavam, e não se tratava apenas de reação às circunstâncias.

Claro que boa parte das tarefas eram delegadas a outros funcionários, inclusive a mim. Mas eu sabia que, se estivesse no lugar daqueles dois, minha mesa estaria abarrotada de papéis, e eu me veria envolvido em questões triviais, deixando de lado decisões importantes.

Em escala bem mais reduzida, minha mulher tem a mesma capacidade de fazer o que tem de ser feito na hora certa. Sempre admirei o modo como organiza eventos complicados, com base em pouco mais que uma lista de compras. Bem intrigante para mim é seu hábito de começar a aproveitar as liquidações de janeiro para fazer as compras do Natal seguinte, já que sempre comprei os presentes na véspera.

Portanto, a empreitada é possível, seja sob pressão, em cargos de alta responsabilidade ou durante os altos e baixos do dia-a-dia. Quando as pessoas trabalham com eficiência, eliminam o estresse desnecessário e ficam muito mais focadas no panorama geral, o que ajuda no processo de tomada de decisões. Uma característica comum aos que administram bem o tempo é o fato de serem resolutos, mas não impulsivos.

> QUANDO AS PESSOAS TRABALHAM COM EFICIÊNCIA, ELIMINAM O ESTRESSE.

Os que são, por natureza, bons administradores do tempo precisam de pouquíssimas técnicas. Nunca vi qualquer dos meus dois chefes usar uma lista de tarefas. Eles simplesmente pareciam saber o que fazer. E faziam. Minha mulher faz listas de presentes e de compras. Mas jamais organizou uma lista de tarefas.

Nos próximos capítulos deste livro vou abordar maneiras de alcançar um estado mental que nos leve a fazer o que é preciso na hora certa, sem a ajuda de listas ou técnicas. Para a maioria das pessoas, isso não vem naturalmente. Não podemos correr antes de andar. São necessárias técnicas de treinamento. Se um dia pudermos deixar de lado essas "muletas", ótimo. Precisamos de um sistema que nos leve acima das dificuldades, mas não queremos ser prisioneiros dele. Existem coisas mais importantes do que viver mecânica ou automaticamente. Portanto, vamos começar dando uma olhada em algumas diferenças entre as atitudes dos bons e dos maus administradores do tempo. Assim, se conseguirmos alterar nossas atitudes, deixando-as mais parecidas com as dos bons administradores do tempo, muitos dos nossos problemas provavelmente vão desaparecer.

Como agem as pessoas bem-sucedidas na administração da vida

Pelo que pude observar do comportamento dos meus dois chefes e de muitos outros indivíduos, concluí que quem administra bem o tempo (o que significa administrar bem a própria vida) possui certos traços não encontrados nos maus administradores do tempo. Claro que cada indivíduo tem seu jeito, mas existe uma coerência na maneira de agir que caracteriza naturalmente o bom administrador do tempo.

Bons administradores do tempo são resolutos; maus administradores do tempo são impulsivos.

Bons administradores do tempo decidem o que fazer e fazem. Seus atos são fruto de suas decisões, enquanto decidir antes de agir é a última coisa que faria um mau administrador do tempo. Este sente extrema dificuldade em atuar com base em decisões. Algo sempre acontece para desviá-lo de seu propósito. Basicamente, ele reage a circunstâncias ou age por impulso. Daí a importância do exercício de força mental apresentado ao fim da Introdução. Ser capaz de agir porque assim decidiu é a base da boa administração do tempo.

Bons administradores do tempo trabalham a partir do panorama geral; maus administradores do tempo deixam-se envolver por trivialidades.

A clareza de propósito do bom administrador do tempo faz com que ele avance com determinação. O mau administrador do tempo raramente elabora com clareza seus objetivos, e, por isso, acha difícil agir determinadamente. Sem a visão do panorama geral, torna-se presa fácil de questões triviais, muitas delas adotadas por impulso ("Não seria boa idéia aprender francês/navegar na net/fazer compras/arrumar os lápis/praticar ioga") ou como fuga ("Tenho andado ocupado demais para planejar qualquer outra iniciativa"). Claro que não existe nada de errado com essas atividades, mas se não fizerem parte do panorama geral, servirão apenas para desviar a atenção, sem real propósito nem sinergia em relação às outras.

Bons administradores do tempo contam com bons sistemas; maus administradores do tempo possuem sistemas ruins – se possuírem algum.

Alguns parágrafos atrás, afirmei que as pessoas mais eficientes que conheci apresentavam a característica comum de manterem vazia a mesa de trabalho. Esse fato, em si, não representa virtude alguma. O importante é o sistema utilizado para lidar com a papelada. Aquelas pessoas sabiam o que fazer com cada pedaço de papel que lhes chegava às mãos. O mau administrador do tempo constantemente não sabe que destino dar aos papéis que recebe. Então, junta a uma pilha já existente ou guarda em uma gaveta, deixando para depois. Sua intenção é apenas tirar o documento da vista e da mente. Isso não se aplica somente aos papéis. O mau administrador do tempo não possui um sistema para lidar com tipo algum de trabalho. Assim, sua vida se resume a uma série de crises.

Bons administradores do tempo mantêm trabalho e lazer em equilíbrio; maus administradores do tempo não conseguem manter o equilíbrio entre trabalho e lazer – e ambos sofrem com isso.

Os administradores do tempo eficientes cuidam da vida privada e das horas de diversão, pois estas também fazem parte do panorama geral. Eles sabem que trabalho e dinheiro não são fins em si, mas compõem uma vida produtiva e satisfatória. Maus administradores do tempo vivem uma vida compartimentada, na qual existe pouca ou nenhuma sinergia, condenada a restringir-se a uma luta constante entre as várias partes.

Bons administradores do tempo são relativamente livres de estresse; maus administradores do tempo fazem do estresse um modo de vida.

Ao agir com determinação, o bom administrador do tempo livra-se do fator mais estressante da vida de quase todos nós – os adiamentos. Fugir de um problema não elimina o estresse associado a ele, pelo contrário. Como resultado, o mau administrador do tempo convive com um nível considerável de ansiedade generalizada, que se manifesta fisicamente, em forma de tensão, ou é vista como uma nuvem negra que o persegue. Ele, freqüentemente, só se sente motivado a agir quando o estresse por não fazer nada supera o estresse de fazer alguma coisa. Com o bom administrador do tempo, a situação é diferente: ele age quando a resistência é menor, ou seja, logo que a ação é considerada necessária.

A atenção dos bons administradores do tempo é focada; a atenção dos maus administradores do tempo é difusa.

Uma vez tomada a decisão de agir, o bom administrador do tempo concentra atenção suficiente para levar a tarefa até o fim, sem ceder a distrações. Isso de modo algum acontece com o mau administrador do tempo. Mil e um interesses chamam sua atenção, provocando ansiedade e reações impulsivas em cadeia.

A resposta dos bons administradores do tempo ao medo é a ação; a resposta dos maus administradores do tempo ao medo é a fuga.

O bom administrador do tempo sabe que um pouco de medo é a reação natural a um desafio ou a uma nova iniciativa. Assim, aprende a aceitar e trabalhar esse sentimento. Na verdade, ele percebe a ausência total de medo como um sinal de que vem sendo complacente e deixando a vida "correr solta". Assim, o medo é apenas uma reação inicial, logo dispersada pela ação. O mau administrador do tempo faz de tudo para não sentir medo, e tende a evitar desafios ou novas iniciativas que o tirem de sua zona de conforto. Para isso, desenvolve mecanismos, sendo os mais comuns a protelação e o excesso de atividades. Infelizmente consegue, com isso, apenas trocar um medo superável por uma ansiedade generalizada, muito difícil de ser eliminada.

> O MAU ADMINISTRADOR DO TEMPO TENDE A EVITAR DESAFIOS QUE O TIREM DE SUA ZONA DE CONFORTO.

Nenhum dos livros que li me ajudou

Eu queria desesperadamente ser uma pessoa organizada. Assim, tornei-me um devorador de livros de auto-ajuda, em especial aqueles que tratam de administração do tempo. Com a leitura, fiz duas descobertas: primeiro, que todos parecem bater na mesma tecla; segundo, que nenhum deles funcionou comigo. Pelo menos, não de modo consistente.

Claro que encontrei muitas sugestões úteis, e vou tratar de algumas neste livro, mas continuei incapaz de gerir minha vida com eficiência, além de ter desenvolvido a angústia e o estresse de senti-la fugir ao meu controle. Eu queria muito mais, e estava determinado a não aceitar a derrota. Então, continuei a ler e a experimentar.

Eu vivia cercado de pessoas que tinham problemas com o tempo. Daí ter concluído que as recomendações dos livros não estavam resolvendo. Aquelas pessoas não pareciam ter dificuldade em desenvolver outras habilidades. Sabiam ler, escrever, andar de bicicleta, dirigir, digitar e usar calculadoras. Algumas até tocavam instrumentos musicais. E não haviam comprado e lido inúmeros livros sobre aqueles temas, nem viviam reclamando do próprio desempenho. De modo geral, as técnicas utilizadas para exercitar aquelas habilidades são bem estabelecidas, e a maioria dos adultos não se atrapalha com elas. Mas administrar o tempo é algo muito diferente. Esse é um problema recorrente, enfrentado por quase todos os indivíduos, em maior ou menor grau. Os bem-sucedidos na área são exceção.

Se as técnicas de administração do tempo comumente ensinadas nos livros não cumprem o que se propõem a fazer, é hora de examinarmos melhor suas sugestões, para tentarmos descobrir o motivo do insucesso. É o que pretendo fazer neste livro, oferecendo técnicas alternativas e um sistema utilizável. Resolvida essa questão de "primeiros socorros", vamos além. Tendo aprendido a agir apesar da resistência, você será capaz de usar a própria resistência como indicador do caminho a seguir.

INVENTEI E PASSEI A ENSINAR MINHAS PRÓPRIAS TÉCNICAS

Na busca de uma solução para os meus problemas com o tempo, descobri, aos poucos, algumas respostas. Então, fiz dessa missão a meta número um de minha vida, pois sabia que, se não resolvesse aqueles problemas, nada conseguiria. Não queria chegar ao fim dos meus dias tendo como lema predominante a expressão "se ao menos...".

O progresso foi gradual. Depois de alguns falsos sucessos, com os quais descobri técnicas que ajudavam, mas não levavam a lugar algum, passei a fazer um exame mais apurado, tentando melhorá-las. Passo a passo, percebi que assumia o controle, que produzia sem me sentir "atolado" e que, afinal, podia confiar em mim, sabendo que terminaria as tarefas começadas. Meu salário e minha satisfação no trabalho aumentaram, e eu podia me dedicar a questões de interesse pessoal.

Tinha descoberto um sistema que funcionava. E se dava certo com um indivíduo desorganizado como eu, pelo menos devia ajudar outros que estivessem na mesma situação. Assim, comecei a montar seminários e a dar aconselhamento individual. Vi que as pessoas se beneficiavam imensamente, e com base no *feedback* que recebi, fui aperfeiçoando o sistema.

Foi quando aconteceu um fato completamente inesperado. Percebi que não precisava mais de técnicas. Depois de sentir o gostinho de controlar o meu tempo, conseguia a mesma sensação sem o auxílio delas. Era como se estivesse aprendendo a nadar e alcançasse o estágio em que não usaria mais bóias. Ou como a criança que pode dispensar as rodinhas para andar de bicicleta. Mas se não tivesse utilizado as técnicas no início, não chegaria aonde cheguei.

Resumo

- Não podemos administrar o tempo, mas podemos aprender a administrar o foco que damos à nossa atenção.
- Tudo o que recebe a nossa atenção começa a mudar.
- Tudo muda o tempo todo, quer você goste, quer não. Cabe a nós escolhermos se vamos ou não nos envolver na mudança.
- O bom administrador do tempo age com base nas próprias decisões; o mau administrador do tempo age por impulso.

- A meta final é ser capaz de fazer o que é preciso, na hora em que é preciso.

Você está treinando a força mental?

Se ainda não começou o exercício de força mental que mostrei ao fim da Introdução, comece hoje. Esse exercício é fundamental para que você possa passar da ação por impulso para a ação por decisão, que é a base da boa administração do tempo e da vida.

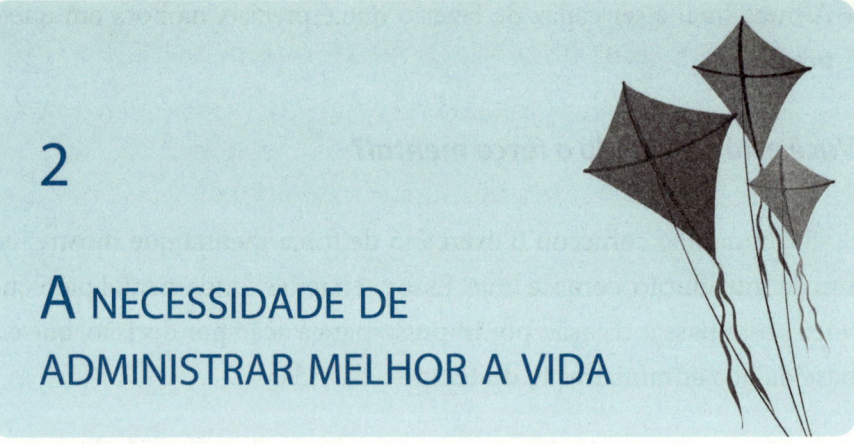

2

A NECESSIDADE DE ADMINISTRAR MELHOR A VIDA

O enorme mercado para livros sobre aperfeiçoamento pessoal e sobre organização de empresas ou práticas de trabalho demonstra a grande necessidade de buscar uma resposta para os problemas que encontramos ao administrar nossas vidas. Neste capítulo, vou tratar das manifestações dessa necessidade e dos resultados da má administração do tempo. Aproveitando a oportunidade, vamos analisar os seus problemas nessa área.

ADMINISTRAÇÃO DO TEMPO É A ÁREA EM QUE OS CLIENTES MAIS SOLICITAM A AJUDA DE COACHES DE VIDA

Tal como os astros do mundo do esporte contam com a ajuda de *coaches* – os técnicos – a idéia de ter um *coach* para todos os aspectos da vida vem ganhando popularidade. O *coach* de vida age como base de apoio, sabedoria e orientação na individualíssima atividade de perseguir sonhos e desejos. *Coaches* de vida assumem muitas formas e especialidades diferentes, mas uma característica comum a todos é o estímulo que dão ao cliente para que este veja a vida como um todo, quer tenham sido contratados para ajudar o lado pessoal ou o profissional.

Segundo uma pesquisa da *International Coach Federation*, a administração do tempo é o tema mais solicitado pelos clientes – mais até do que carreira, desenvolvimento de negócios ou relacionamentos, áreas naturalmente propícias ao *coaching*. A administração do tempo talvez seja a área mais prevalente para quem vive nas sociedades ocidentais de alta tecnologia. Simplesmente não conseguimos acompanhar o ritmo frenético que a vida moderna nos impõe. Sejam homens ou mulheres, assalariados ou empresários, quer trabalhem em casa, no escritório ou na rua, todos têm dificuldade em acompanhar a rapidez dos meios de transporte e comunicação. É verdade que o potencial das nossas vidas se expandiu muito, e encontramos bem menos restrições do que nossos antepassados enfrentaram. Mas de que serve isso, se somos cada vez mais pressionados, e se essa expansão foi conseguida à custa da redução da profundidade? Nossas vidas podem ser mais amplas, mas freqüentemente sentimos – e com razão – que ficaram mais rasas.

> A ADMINISTRAÇÃO DO TEMPO TALVEZ SEJA A ÁREA MAIS PREVALENTE PARA QUEM VIVE NAS SOCIEDADES OCIDENTAIS.

Não quero dizer com isso que a protelação seja um problema novo. A frase "A protelação é a ladra do tempo" é tirada de uma poesia de Edward Young, poeta do século 18. E recuando ainda mais, na Bíblia, o Livro dos Provérbios faz a seguinte advertência contra a preguiça:

> Um pouco para dormir,
> um pouco para toscanejar,
> um pouco para cruzar os braços em repouso.
> Assim sobrevirá a tua pobreza como um ladrão,
> e a tua necessidade chegará como um homem armado.
>
> (Provérbios 6:10-11)

Em toda a história da humanidade, aqueles que agiram com rapidez e decisão levaram vantagem sobre os que simplesmente pensavam em agir. Júlio César ficou conhecido por agir tão rapidamente, que pegava os oponentes desprevenidos. Ele conquistou vitória após vitória porque aparecia com seus exércitos muito antes do que alguém pudesse imaginar. E só foi derrotado porque seus inimigos afinal aprenderam a lição e agiram antes dele. Infelizmente para eles, não continuaram a aplicar a mesma estratégia depois da morte de Júlio César.

Como já tive oportunidade de dizer, não podemos administrar o tempo. O dia tem exatamente 24 horas, quer isso seja do nosso agrado, quer não. Cada um de nós pode decidir, porém, se quer preencher o tempo com trivialidades ou com atividades produtivas. Não é o caso de administrarmos o tempo, mas de nos administrarmos – e em especial de aprendermos a definir o foco da nossa atenção. Embora eu ainda vá empregar muitas vezes neste livro a expressão "administração do tempo", ela é completamente inadequada. Na verdade, estamos tratando de gerenciar a vida. Assim, "administração da vida" seria uma boa denominação, pois lançaria uma perspectiva nova e mais clara sobre o assunto, remetendo às raízes da existência e ao que é importante para nós.

> CADA UM DE NÓS PODE DECIDIR SE QUER PREENCHER O TEMPO COM TRIVIALIDADES OU COM ATIVIDADES PRODUTIVAS.

A INCAPACIDADE DE ADMINISTRAR A ATENÇÃO PODE ARRUINAR A VIDA OU SER FRANCAMENTE LETAL

Se observarmos a administração do tempo por um novo ponto de vista, o que veremos? Antes de mais nada, que viver de maneira diferente da que desejamos é causa de estresse e frustração consideráveis.

Aceitar que as circunstâncias nem sempre são como gostaríamos não é problema. O difícil é aceitar que fracasso e mau desempenho sejam resultados de nossas deficiências, em especial quando sabemos que a meta em questão é alcançável. Assim, acabamos prisioneiros da própria incapacidade de romper as algemas com que nos prendemos. E pior: descobrimos estar contribuindo para manter essas algemas.

Quando a vida é mal administrada, a carreira e os negócios sofrem. Os bem-sucedidos sabem como examinar as tarefas que têm diante de si e dedicam-se às que são realmente importantes. Incapazes de concentrar nossa atenção no que é necessário, construímos zonas de conforto das quais não temos vontade de sair. Como resultado, ficamos presos no mesmo lugar. Por maior e mais confortável que esse lugar nos pareça, não deixa de ser uma prisão. E nós sabemos disso.

Exemplos de tal situação estão por toda parte. Alguns astros e estrelas do mundo do entretenimento reinventam-se e adaptam-se, como meio de manterem-se em evidência. Outros ficam presos a papéis de sucesso e, mais cedo ou mais tarde, desaparecem da memória do público.

> **A MÁ ADMINISTRAÇÃO DA VIDA DESTRÓI A CONFIABILIDADE.**

A má administração da vida também destrói a confiabilidade. E o fato de um colega ou familiar não confiar em nós para completarmos determinada tarefa não nos faz bem algum. Quantos divórcios resultam da constante falta de atenção entre os parceiros, sem que haja atos de crueldade ou traições? Quantas crianças se retraem ao sentir que os pais não se importam com elas? E o que significa isso, a não ser que não receberam atenção suficiente como indivíduos?

Assim, a má administração da atenção pode prejudicar a carreira, os relacionamentos e os filhos. O que poderia ser pior? Bem, muita coisa. Grandes desastres e acidentes que afetam a vida de centenas ou mesmo milhares de pessoas podem ser causados ou agravados por uma simples falta de atenção.

Ao ler reportagens sobre grandes acidentes, fico chocado ao ver que, com freqüência, não resultam de falhas calamitosas, mas de uma sucessão de pequenos atos de negligência cometidos por várias pessoas. No caso dos terremotos na Turquia, por exemplo, o número de vítimas teria sido muito menor se fosse obedecida a legislação sobre edificações e se houvesse simulações dos procedimentos a serem seguidos em caso de desastre, já que a região é reconhecidamente sujeita a abalos de terra. Todos podemos encontrar, bem perto de casa, exemplos dos efeitos cumulativos de fatores negativos. E, com freqüência, se apenas um desses fatores deixasse de existir, as más conseqüências do acidente seriam reduzidas significativamente ou eliminadas por completo.

E o que levou àqueles pequenos atos de negligência que se somaram para causar ou agravar desastres tão terríveis? A protelação, simplesmente. Na maior parte das vezes, a negligência não é uma decisão deliberada, mas o resultado do adiamento da atenção que deveria ser dada a determinada tarefa – o que obrigaria a um esforço extra ou causaria um problema.

A MAIORIA DAS PESSOAS DEMONSTRA ALGUM SINTOMA DE MÁ ADMINISTRAÇÃO DO TEMPO

Tenho certeza de que muito do que leu até aqui fez sentido para você – combinou com a sua experiência. Mas vamos ver quais sintomas de má administração do tempo você apresenta. Marque os que representam problemas.

- O seu trabalho está sempre atrasado.
- Você tem muitos projetos que deixa para depois.
- Você tem tanto o que fazer, que não sabe por onde começar.
- Quanto mais tempo livre você tem, menos realiza.
- Quando se programa para dedicar-se a um projeto importante, você acaba desperdiçando o tempo, e nada faz.

- Você começa os projetos com grande entusiasmo, mas não termina.
- Você precisa de pressão para motivar-se a agir.
- Você vive com pressa.
- Quando faz uma parada para descansar, você demora muito para retomar o trabalho.
- No fundo, você sabe que evita dar atenção a determinadas tarefas.
- Às vezes, você perde o sono por causa de questões que negligenciou.
- Você tende a concentrar-se em uma tarefa e abandonar todo o resto.
- Você parece viver uma crise após a outra.
- Você não tem tempo para si nem para a família.
- Os seus afazeres constituem uma sobrecarga.
- Quando você finalmente se dispõe a iniciar uma tarefa que vinha adiando, tem a atenção desviada pela lembrança das outras tarefas que ainda não começou.
- Você desperdiça tanto tempo durante o dia, que freqüentemente tem de fazer hora extra ou levar trabalho para casa.

Alguma dessas situações lhe parece familiar? De vez em quando, isso acontece com todo mundo. No entanto, se várias delas se confirmarem regularmente, é sinal de que você tem dificuldade para administrar o tempo. Mas esse não é o problema real. Lá no fundo, você sabe: ainda que tivesse tempo sobrando, não daria conta de todas as tarefas, pois questões triviais desviariam a sua atenção. O que você não consegue administrar não é o tempo, mas a atenção, a capacidade de focá-la para alcançar os resultados desejados. Quando o subconsciente evita alguma coisa, o cérebro colabora, inventando meios de fugir dela.

A MÁ ADMINISTRAÇÃO DO TEMPO AFETA TODAS AS ÁREAS DA VIDA

Eu já disse que o problema nada tem a ver com falta de tempo, que é sempre o mesmo a cada dia. Mas a impressão dessa falta penetra nos setores da vida em que há resistência. Repare que os indivíduos que apresentam sérios problemas na administração do tempo possuem uma área preferida – um *hobby*, um esporte ou a diversão, por exemplo – que oferece pouca ou nenhuma resistência. Se vivessem o todo tal como experimentam aquela área, sua relação com o mundo se transformaria.

Nossa vida tende a tomar o caminho de menor resistência. Um exemplo disso são os indivíduos *workaholic*. Isso geralmente ocorre porque, na vida deles, o ambiente de trabalho, com suas estruturas de apoio bem definidas, oferece menos resistência do que outras áreas. Quando alguém quer fugir dos problemas pessoais, enterra-se no trabalho como um meio de fuga. Apesar das longas horas que dedicam ao trabalho, os *workaholics* raramente são tão eficientes quanto poderiam ser. A verdadeira eficiência consiste na capacidade de ir direto ao que interessa – e isso é exatamente o que o *workaholic* não faz. É preciso não confundir a condição de *workaholic* com as horas extras de trabalho, pois existem ocasiões em que essas são definitivamente necessárias. Às vezes, o administrador eficiente pode trabalhar por um período mais longo do que o *workaholic*. A diferença é que o primeiro só faz isso quando é necessário, enquanto o segundo procura trabalho, seja necessário ou não. Para o funcionário eficiente, trabalhar duro por longas horas é um meio para alcançar um fim; para o *workaholic*, o trabalho funciona como fuga dos problemas.

Outro bom exemplo de situação em que procuramos seguir o caminho que oferece menos resistência é quando adiamos o cumprimento de uma tarefa que tem prazo para ser concluída. Um caso típico é o do estudante que recebe do professor a incumbência de elaborar um projeto, mas pode estender-se a outras esferas de atividade. Quanto mais a tarefa é adiada, mais fortes tornam-se a resistência e a ameaça do prazo final que se aproxima. A decisão de agir é tomada somente quando a resistência às conseqüências do não cumprimento do prazo fica mais intensa do que a resistência à realização da tarefa. Repare no que acontece então: a tarefa é executada quando o estresse associado a ela alcança o ponto máximo. Mas sempre existe a opção de executá-la no momento de estresse mínimo – logo que tomamos conhecimento dela.

Quando estamos diante de uma série de tarefas que, no entanto, vamos adiando, passamos a viver em um estado permanente de alto estresse. Um recurso extremo para lidar com esse estresse é nos convencermos de que não damos importância às conseqüências, e, então, deixamos de fazer o trabalho. Infelizmente, não podemos fugir à realidade, pois, se adotarmos tal atitude, as conseqüências cairão sobre nós. Nossa negligência vai resultar em desastre ou crise, e, logicamente, em mais estresse. Ou, o que acontece mais comumente, estaremos fadados a ser realizadores medíocres.

Quando falamos em realização, é importante distinguirmos entre satisfazer as próprias expectativas e satisfazer as expectativas alheias. No fim das contas, o que importa são as nossas expectativas. Senão, quando olharmos para trás, nós nos encontraremos repetindo: "Se ao menos..."

> QUANDO ADIAMOS TAREFAS, PASSAMOS A VIVER EM UM ESTADO PERMANENTE DE ESTRESSE.

A resistência se manifesta em todos os setores da vida, e tanto pode surgir na vida profissional quanto na pessoal. Na verdade, é mais comum nesta última, que envolve relacionamentos emocionais mais profundos e mais duradouros. Para acabar com um problema de relacionamento com o chefe, basta mudar de emprego. No caso de um mau relacionamento com um familiar, porém, o problema tem de ser resolvido, ou existirá para sempre. E "para sempre" pode ser tomado literalmente: mesmo depois da morte de um dos envolvidos, o sobrevivente pode ter a vida envenenada de várias maneiras. A Psicologia moderna reconhece a verdade do conselho bíblico: "Honra teu pai e tua mãe, para que se prolonguem os teus dias na Terra que o Senhor, teu Deus, te dá" (Êxodo 20:12). Mesmo no caso de graves maus-tratos, o perdão concedido aos pais pode ser o passo mais importante para a cura dos filhos. Muitas vezes, isso só acontece quando os pais estão mortos, e o filho em idade avançada.

Portanto, o potencial de resistência da vida pessoal é enorme. Assim, somos tentados a usar o trabalho como meio de fugirmos dos problemas pessoais, os quais deixamos de lado até que surja uma crise que afeta também a vida profissional.

Mas, talvez, o resultado mais lamentável da má administração do tempo seja o desperdício da própria vida. Aqueles que devem ser os nossos e melhores e mais produtivos anos passam rapidamente. De repente, percebemos que realizamos muito pouco do que desejaríamos ou do que nos considerávamos capazes. Se não encontrarmos um modo de recomeçar, estaremos impedidos de melhorar e de realizar todo o nosso potencial.

QUANDO ASSUMIMOS O CONTROLE, TODA A VIDA SE BENEFICIA

Como eu já disse, a vida tende a tomar o caminho em que há menos resistência. Na prática, isso quer dizer que o modo como vivemos é quase inteiramente resultado de estímulos externos. A desaprovação dos amigos, as restrições da sociedade, as expectativas dos pais e o medo de perder a segurança financeira são motivadores muito mais poderosos do que nossos desejos e intenções. Os canais previsíveis, ao longo dos quais tendemos a viver, nem são nossos. Foram, em grande parte, traçados por outras pessoas.

Administrar o tempo é muito mais do que apenas executar uma lista de tarefas o mais brevemente possível. É administrar a nós mesmos, de modo que deixemos de reagir, assumindo o controle. Um dos meus filmes preferidos é *Groundhog Day* (Feitiço do Tempo), uma fantasia em que o herói, interpretado por Bill Murray, vive várias vezes o mesmo dia, até conquistar o coração da heroína, quebrando, assim, o feitiço. Com o filme, aprendi como um momento pode ser diferente do outro, conforme as nossas atitudes. A verdade é que as pessoas, em sua maioria, estão vivendo o mesmo dia inúmeras vezes. Agimos sempre dentro de um certo limite, o que torna os dias muito parecidos entre si.

O que nos impede de sermos pessoas melhores é o mesmo que nos impede de sermos pessoas piores: o medo das conseqüências, do que os outros vão pensar, da doença, do castigo ou até da morte. Se conseguirmos superar o medo, veremos uma infinidade de possibilidades diante de nós. A lição aprendida pelo personagem de Bill Murray foi que, ao modificar sua maneira habitual de reagir, obteve uma resposta da vida.

> O QUE NOS IMPEDE DE SERMOS PESSOAS MELHORES É O MESMO QUE NOS IMPEDE DE SERMOS PESSOAS PIORES.

Mas é preciso aprender a andar antes de correr. E, acima de tudo, é preciso aprender a superar a resistência e a focar a atenção. As duas habilidades exigem prática e treinamento. Nelas está a chave da liberdade. Na segunda parte deste livro, vamos examinar técnicas criadas especificamente para isso.

Depois de dominar tais técnicas, você terá condições de reduzir ou eliminar a tensão e a correria. Deixará de viver à base de adrenalina. Restabelecerá o equilíbrio da vida. E, o mais importante, fará consistentemente o que se propuser a fazer.

Resumo

- O excesso de tarefas é freqüentemente uma fuga de questões mais importantes e complicadas.
- O foco nas questões importantes é a chave do sucesso na vida.
- Em vez de apenas reagir às circunstâncias, devemos dar a resposta escolhida por nós.
- Quando aprendemos a superar a resistência, ficamos livres para exercer todo o nosso potencial.

PARTE DOIS

TÉCNICAS

Se io ho ben la tua parola intesa,
rispose del magnanimo quell'ombra,
l'anima tua è da viltade offesa,

la qual molte fiate l'uomo ingombra,
sì che d'onrata impresa lo rivolve,
come falso veder bestia quand'ombra.

Se bem entendo o que dizes,
replicou a alma generosa,
estás tomado pela covardia,

que freqüentemente retarda o homem,
afastando-o de uma bela aventura,
tal como um animal selvagem assustado por uma sombra.

(Dante, Inferno II, 43-48)

3
A FERRAMENTA NÚMERO UM DA ADMINISTRAÇÃO DO TEMPO: DIZER NÃO

Neste capítulo, vamos explorar a principal ferramenta da administração do tempo: a palavra não. Conforme veremos, precisamos aprender a dizer não aos outros e, o mais importante, a nós mesmos. Essa habilidade básica é essencial. Sem ela, podemos esquecer a administração do tempo, pois qualquer melhoria no processo de trabalho só vai resultar em novas tarefas.

O PERIGO É QUE MELHORES TÉCNICAS LEVEM A UMA SOBRECARGA AINDA MAIS PESADA

Toda vez que você permite a entrada de um elemento em sua vida, tem de dar atenção a ele. E a atenção é o seu bem mais valioso. Já vimos que o tempo não é problema: o tempo existe, simplesmente. O modo como distribuímos a nossa atenção, isso sim, é, ao mesmo tempo, problema e solução. É solução porque, se você se concentrar na distribuição da atenção, vai resolver o problema. Neste exato momento, a sua atenção está voltada para a leitura deste livro. Se você quiser aproveitar o que leu, vai ter de dirigir a atenção para a prática do que aprendeu. A própria habilidade de dedicar atenção no momento necessário representa boa parte da resposta.

Imagine-se vivendo uma vida perfeitamente organizada, em que possa dar a todas as suas tarefas exatamente a atenção necessária, e decida iniciar um novo projeto. Para que este possa ser incluído, você precisa redistribuir a atenção. Se um compromisso anterior estiver terminado, haverá espaço suficiente. Se não, vai ser preciso interromper alguma das tarefas, para abrir espaço.

Se isso não for feito adequadamente, faltará lugar para o novo projeto, e a sua atenção se dispersará. Como resultado, em vez do foco anterior, você não conseguirá dedicar atenção suficiente a todos os projetos, e a sua mente ficará cada vez mais confusa, com tantas tarefas inacabadas.

> PARA APRENDER A ADMINISTRAR O TEMPO, A PRIMEIRA ETAPA É PARAR DE ACRESCENTAR TAREFAS ÀS JÁ EXISTENTES.

Para muitos, essa é uma descrição da situação vivida atualmente – e em processo de intensificação.

Para aprender a administrar o tempo, a primeira etapa é parar de acrescentar tarefas às já existentes. A etapa seguinte é abrir espaço para que cada tarefa receba a atenção necessária.

É perigoso tentar fugir à necessidade de cumprir essas etapas essenciais, passando diretamente ao aprendizado de técnicas que permitam processar o trabalho com mais eficiência.

O problema de adotar como primeira etapa o aumento da eficiência é que, provavelmente, usaríamos o tempo a mais conseguido para arranjar mais trabalho, aumentando assim também a sobrecarga. As novas habilidades no processamento de tarefas triviais não nos aproximariam da solução de nossos verdadeiros problemas.

Como já vimos, temos a necessidade inconsciente de um suprimento constante de tarefas de baixa resistência, que nos sirvam de desculpa para fugirmos às questões mais complicadas e de alta resistência, estas sim, capazes de operar uma verdadeira mudança no trabalho e na vida.

Como resultado, a maioria das pessoas assume tarefas em excesso, tanto no aspecto pessoal quanto no profissional. Somente quando dermos a essa sobrecarga seu verdadeiro nome – mecanismo de fuga – começaremos a nos libertar dela.

Praticamente todos os meus clientes de *coaching* de vida reclamam do excesso de tarefas. Em geral, querem conhecer novas técnicas e aprender a organizar prioridades, mas não é o que ensino. A solução tem de ser muito mais radical. Minha primeira providência é incentivá-los a pegar um facão e abrir uma clareira em sua floresta de compromissos. A relutância é tremenda. Já ouvi argumentações incríveis para manter compromissos que claramente de nada serviam. Esses indivíduos *precisam* daquelas atividades. Sem elas, são forçados a encarar sua incapacidade de trabalhar com questões importantes. Assim, entram em um círculo vicioso em que os esforços para fugir dos problemas tornam-se piores do que os problemas em si.

Estimulo meus clientes a considerar sua atenção como um recurso valioso – o mais valioso que possuem. Sugiro que atribuam a ela um valor monetário e se perguntem: "Quanto vale uma hora da minha atenção?" Talvez seja um raciocínio um tanto grosseiro, mas serve para fazê-los ver a vida sob uma perspectiva diferente.

Repare que não digo para atribuírem valor monetário ao *tempo* – o valor está ligado à atenção que damos ao que fazemos, e ela é valiosa. Se você recebe salário, saiba que os seus patrões não pagam pelo seu tempo, mas pela sua atenção. Se trabalha por conta própria, o seu sucesso depende da atenção, e não do tempo, que dedica aos negócios.

Se você trabalha em tempo integral, veja como calcular o valor aproximado da sua atenção: arredonde o seu salário anual para o milhar seguinte, corte os três últimos zeros e divida por dois o número que sobrar. Assim, você ficará conhecendo quanto os seus patrões estão dispostos a pagar por uma hora da sua atenção. Assim, se você recebe, por exemplo, 30 mil reais por ano, divida 30 por 2, e chegará ao valor aproximado de 15 reais por hora. Se *eles* consideram que a sua atenção vale isso, *você* deve atribuir esse valor a ela, no mínimo.

Se você trabalha por conta própria, pode fazer um exercício similar, projetando quanto pretende ganhar em um ano. Se o seu ganho projetado for de 100 mil reais, a sua atenção vale 50 reais por hora. É muito valiosa, portanto, não a desperdice. Veja este exemplo: você vai a uma reunião de uma hora e meia, e gasta 15 minutos na ida e 15 minutos na volta. Então, a sua atenção custa 100 reais. Atribua um valor à sua atenção e calcule o custo das suas atividades.

Exercício

Atribua à sua atenção um valor monetário, como foi ensinado. Se nenhum dos cálculos sugeridos se aplicar à sua realidade, pergunte-se quanto vale uma hora ininterrupta da sua atenção.

Uma vez determinado o valor, calcule o custo da atenção que você dedica a algumas das suas atividades do dia-a-dia. Então, pergunte-se se você manteria as mesmas atividades, caso tivesse de pagar por elas.

> PODEMOS FAZER *QUALQUER COISA*, MAS NÃO PODEMOS FAZER *TODAS AS COISAS*.

Se você costuma reclamar da mensalidade paga pela televisão a cabo, é bom lembrar que assistir ao noticiário pode lhe custar 25 reais por dia. Não que eu tenha alguma coisa contra os noticiários de televisão. Só quero que você se pergunte se está obtendo deles todo o valor.

Dizem que podemos fazer *qualquer coisa* que for decidida por nós. Mas não podemos fazer *todas as coisas*. A vida nos apresenta uma infinidade de escolhas. Mas o próprio fato de falarmos em *escolhas* mostra que não podemos ter todas. Uma parte essencial da chegada à maturidade são as escolhas e os compromissos que vão dar forma às nossas vidas. Isso não quer dizer que tais escolhas fiquem gravadas na pedra e sejam imutáveis. Quer dizer apenas que precisamos passar por um processo em que devemos escolher os aspectos que vão ou não receber a nossa atenção.

Para isso, são necessárias decisões conscientes. Infelizmente, a maior dificuldade é dizer não às inúmeras escolhas possíveis apresentadas pelo mundo. Um exemplo clássico é o do namorador que não consegue comprometer-se realmente com mulher alguma, e parte para a conquista de cada uma que aparece no cenário. Todos nós, homens e mulheres, estamos sujeitos a buscar ilusões, por pura incapacidade de decidirmos com que nos envolvemos. Vale a pena lembrarmos que o nosso não envolvimento, por sua própria natureza, sempre vai superar em número as questões com as quais nos comprometemos. Quando pedimos uma refeição em um restaurante, deixamos de lado uma enorme quantidade de possíveis combinações.

A recusa em aceitar esse fato tão simples nos leva a dispersar a atenção por tantas áreas, que nenhuma delas recebe tratamento adequado.

Antes que eu lhe ensine qualquer técnica, é absolutamente indispensável que você examine a sua vida e decida a quais aspectos pretende dedicar a sua atenção. Lembre que a ordem das prioridades sempre pode ser alterada. Impossível é dar mais atenção do que se tem disponível.

Veja, a seguir, um exercício para você iniciar no processo de tomada dessas decisões. Talvez seja preciso voltar a ele muitas vezes, e minha sugestão é que você assuma o compromisso de revê-lo regularmente. Trata-se de um exercício preliminar essencial, pois sem ele o restante deste livro serviria apenas para aumentar a sua agilidade no processamento de questões triviais, e não para fazer de você um ser humano mais eficiente.

Exercício

1. Organize uma lista de todas as suas áreas de compromisso e atividades. Inclua o trabalho e a vida pessoal. Procure dividir em categorias,

de modo que sejam cobertas todas as áreas. Não se esqueça de incluir todos os seus compromissos – com pais, filhos, amigos, instituições de caridade, etc. Inclua também o descanso e as atividades de lazer. Em outras palavras: faça uma lista de tudo o que exige a sua atenção no momento, quer você esteja conseguindo ou não dar essa atenção.

2. Em seguida, escreva ao lado de cada item da lista a porcentagem aproximada de tempo que você lhe dedica atualmente. Ainda que os números não sejam precisos, faça um esforço para traçar um panorama que seja o mais fiel possível. Ajuste as porcentagens para alcançar o equilíbrio. Claro que o total deve ser cem. A sua atenção é finita, por isso não seria possível dar mais de 100% dela.

3. Até aqui, o exercício é relativamente fácil. Agora é que vem a parte difícil. Você tem de cuidar para que todos os itens recebam atenção *suficiente*. E o total, é óbvio, deve continuar em 100%. As pessoas, em sua maioria, têm tantos afazeres, que, para realizá-los adequadamente, precisariam de mais atenção do que dispõem. O resultado é que alguns (provavelmente a maior parte) ficam malfeitos. A única maneira de acertar essa equação é cortar alguns itens da lista: passe adiante a tarefa (delegando-a, possivelmente) ou a elimine por completo. IMPORTANTE: por enquanto, trata-se apenas de um exercício. Não comece a fazer grandes mudanças na sua vida, porque ainda precisamos trabalhar nisso.

4. O objetivo deste exercício é levar você a encarar o fato de que a sua atenção é limitada, e não adianta assumir tarefas que não terá tempo de cumprir adequadamente, ou seja, dedicar a elas atenção suficiente. Claro que existe uma grande diferença entre decidir ganhar uma medalha olímpica, e correr algumas vezes por semana para manter-se relativamente em forma. A atividade – corrida – é a mesma, mas os objetivos são muito diferentes. Assim, nos dois casos, a atividade terá uma cota específica de atenção.

5. Ao terminar este exercício, você deve ter em mãos uma lista em que todos os itens tenham atenção suficiente para serem cumpridos de

maneira adequada, sem ultrapassar 100%. Guarde a lista, de modo que possa consultá-la mais tarde.

Este não é um exercício fácil, mas, se bem feito, força você a encarar a natureza finita da sua atenção e a importância de direcioná-la com inteligência. Talvez sejam necessárias escolhas difíceis, até a lista ficar pronta. Embora com pesar, talvez você tenha de abrir mão de algumas atividades – aquelas para as quais, sob as circunstâncias do momento, você não pode dar a atenção merecida. Outras atividades, porém, serão abandonadas sem relutância alguma. E existe ainda uma outra situação: a atividade é essencial, mas você não dispõe de recursos para realizá-la. Então, precisa passá-la a outra pessoa ou contratar alguém que a execute por você.

> É MELHOR FAZER BEM POUCAS COISAS DO QUE FAZER MAL MUITAS COISAS.

Conforme já vimos, é improvável que você encontre a resposta logo na primeira tentativa. Mas continue a pensar nas mudanças que precisa fazer. Acima de tudo, lembre que é melhor fazer bem poucas coisas do que fazer mal muitas coisas.

É ESSENCIAL APRENDER A DIZER NÃO ÀS ATIVIDADES DE POUCO VALOR

Somente você pode decidir o valor das suas atividades, e tudo vai depender do que valoriza na vida. O que vale muito para mim pode valer pouco para você e vice-versa.

A terrível verdade, porém, é que as pessoas, em sua maioria, dedicam boa parte do dia a atividades que pouco valorizam. Freqüentemente, são compromissos assumidos a pedido de outras, seja porque não souberam dizer não ou porque achavam que tinham essa obrigação. Nesses casos, permitiram que valores alheios suplantassem os seus.

No entanto, o que muitas vezes acontece é que nos sobrecarregamos de atividades de pouco valor, mas fáceis de realizar, para evitarmos as atividades de alto valor, mas difíceis. De todo modo, o primeiro passo é percebermos que o excesso de compromissos é uma fuga, um meio de escape. Se estabelecermos claramente quais são os nossos valores, estaremos mais capacitados a recusar o que quer que não esteja de acordo com eles.

Portanto, antes de assumir novos compromissos ou atividades, pergunte-se: "Estou fazendo alguma coisa no momento que tenha menos valor do que isto?" Lembre que o seu dia já tem 24 horas de atividades. Se vai introduzir mais uma, terá de eliminar outra. Tendemos a aceitar novos compromissos sem levarmos em conta esse fato tão evidente, pensando talvez que o tempo vai, de algum modo, expandir-se.

Gostaria de esclarecer um ponto. Já falei bastante sobre o valor que as coisas têm para nós. Não pense, porém, que aconselho uma visão inteiramente egocêntrica da vida. Na verdade, quero dizer exatamente o contrário. Nossos valores podem incluir família, serviço à comunidade, espiritualidade e outras questões muito mais amplas do que nosso mesquinho interesse. A vida seria bem pobre se tivéssemos valores egoístas, que não incluíssem outras pessoas. Nossa atenção deve ser dedicada ao que é importante para nós – e isso só nós podemos decidir.

Exercício: Dizer não

É muito comum alguém nos pedir alguma coisa, e também é muito comum hesitarmos, acabarmos respondendo sim e depois reclamarmos. Assim, acumulamos inúmeros compromissos, nenhum deles desejado.

O objetivo deste exercício é reverter isso, de modo que nossa reação inicial a um pedido seja dizer não em vez de sim. Faça um jogo. Veja quantas vezes consegue dizer não durante o dia. Para fazer isso com convicção, você precisa adotar as técnicas corretas:

1. Ao dizer não, use sempre um tom de voz neutro. Nunca demonstre irritação, desconforto ou aborrecimento.
2. Prepare-se para repetir o não pelo menos uma vez.
3. Não dê desculpas – ou vai ter de defendê-las.
4. Diga algo do tipo: "Gostei do que você me pediu, mas isso não se encaixa nas minhas prioridades no momento." Não se estenda. Se o outro insistir, repita no mesmo tom de voz neutro. É válido usar argumentos do tipo: "Tenho de me dedicar ao nosso novo projeto." Quanto menos detalhada a explicação, mais difícil de ser derrubada.
5. Se o pedido for feito por seu chefe, experimente dizer: "Isso não se encaixa nas minhas atuais prioridades de trabalho. Existe alguma tarefa que eu possa adiar, para incluir esse projeto?" Mais uma vez, não esqueça o tom de voz neutro!
6. Se, depois de dizer não, você mudar de idéia e decidir aceitar a nova tarefa, ótimo! O importante é você fazer porque quer, e não porque acha que deve.

Portanto, comece a sua coleção de nãos. Você vai se surpreender, ao ver como se sente bem!

Janet

Janet cria sozinha a filha de 9 anos de idade. Tem uma empresa em sociedade com uma amiga. Decidida e inventiva, é uma pessoa extremamente sociável. Estava constantemente às voltas com reuniões, grupos e campanhas em prol de diferentes causas, que adorava organizar. No trabalho, sempre apresentava novos projetos e iniciativas.

Quando me procurou como consultor, reclamava que já não achava tão prazerosas as coisas que costumava fazer. Na verdade, sentia-se aborrecida, e aquilo se refletia em seu trabalho.

Minha primeira tarefa foi fazê-la concentrar-se em organizar uma relação do que realmente considerava importante.

"Obviamente, o mais importante é minha filha. Passamos muito tempo juntas, mas freqüentemente dividimos apenas o mesmo espaço, porque estou sempre ocupada, trabalhando em alguma coisa. Gostaria de passar mais tempo em atividades especificamente voltadas para ela, com atenção exclusiva.

Meu trabalho também é muito importante. Mas é a mesma história: tenho muitas idéias, mas não consigo tempo para pô-las em prática. E temos muitos projetos que precisam ser melhor trabalhados, mas estamos sobrecarregadas.

Gostaria de contribuir para uma causa, de sentir que vou deixar alguma coisa depois de mim. Não quero viver uma vida egoísta.

E preciso de algum tipo de vida social. Lá no fundo, permanece a idéia de que podia me casar de novo. Mas não consigo ficar parada no mesmo lugar para que alguém me encontre!"

Ela custou a admitir que alguma de suas atividades deveria ser cortada. Particularmente, achava que, se cortasse o trabalho comunitário, passaria a sentir-se egoísta, o que não queria de jeito nenhum.

Depois de examinar o modo como empregava o tempo, Janet conseguiu ver que todas as suas atividades competiam por uma fatia de sua vida. A única maneira de cumprir bem determinada tarefa era negligenciando outra. Ela se convenceu realmente quando nos concentramos no que era mais importante para ela: a filha. "É uma atitude egoísta cuidar para que a sua filha receba a atenção de que precisa?" – perguntei. Ela disse que não. Ao contrário, era o mais importante que poderia fazer, em especial naquela fase.

Ao examinar os aspectos que tinham importância para ela e perceber que todos precisavam de atenção adequada, Janet finalmente se sentiu segura para tomar algumas decisões cruciais. Após determinar quanto tempo de qualidade dedicaria à filha, reuniu-se com a sócia, e as duas resolveram reduzir o número de projetos, de modo que pudessem administrá-los. Assim, combinaram deixar uma iniciativa bem encaminhada antes de dar início a outra. E decidiram ainda contratar um empregado, em regime de meio-expediente, para cumprir as tarefas de rotina. Além disso, Janet se comprometeu a nunca mais trabalhar até tarde. Ela concluiu: "Trabalhar até altas horas se tornou um mau hábito. Não é realmente necessário, mas parece que me acostumei."

Àquela altura, Janet estava convencida de que nada justificava o excesso de atividades que havia acumulado na igreja e na comunidade locais. Eu a incentivei a avaliar o custo real dos compromissos, mesmo os mais simples. O exercício a deixou horrorizada. Então, não sem certa relutância, decidiu concentrar-se em um projeto e deixar de lado os outros. "Eu temia a reação das pessoas, mas me surpreendi com sua compreensão, quando expliquei que precisava passar mais tempo com minha filha. Somente depois que me livrei da pressão constante, percebi quanto as exigências me incomodavam." Assim, ela pôde trabalhar mais efetivamente no único projeto mantido.

Resumo da ação

- Reduza a quantidade de compromissos, até chegar a um número que lhe permita dar a todos a atenção necessária.
- Lembre-se: sempre que assumir um novo compromisso, você vai ter de *interromper* outro a que esteja se dedicando no momento.
- Faça do não a sua resposta primeira e impulsiva a qualquer pedido.
- Aprenda a dizer não em um tom de voz neutro.
- Ao dizer não, explique o motivo, mas não dê desculpas, e estabeleça relação com os seus valores principais. Por exemplo: "Preciso me concentrar em passar mais tempo com a minha filha" e nunca: "Não fico com o carro nas quartas-feiras à noite."

INTERVALO PARA CONTAR HISTÓRIA

Era uma vez, em uma terra distante, um filho de mercador que se apaixonou por uma bela princesa. Nas histórias, os filhos de mercadores costumam chamar-se Hans, então, esse será o seu nome. Como estava em má situação financeira – o que também é comum nas histórias – o rei ficou muito satisfeito com o interesse de Hans por sua filha, já que o pai do rapaz era muito rico.

No entanto, logo que Hans conseguiu atrair a atenção da princesa, o mercador resolveu aposentar-se e deixar os negócios nas mãos do filho. Este se viu tão sobrecarregado de trabalho, que não encontrava tempo para namorar a princesa.

Em desespero, ele lembrou que no povoado vivia um velho, o qual, segundo se dizia, sabia de tudo o que havia para saber. Então, Hans foi à cabana do mago e contou-lhe seu problema.

– Estabeleça prioridades, meu filho – disse o mago. – Esse é o segredo. Faça primeiro o que for mais importante.

O rapaz ficou feliz com tão bom conselho. Ele estava certo de que sua prioridade número um era a bela princesa. Assim, todo dia montava em seu cavalo e ia para o castelo, onde passava o dia namorando. Infelizmente, porém, um dia o cavalo ficou manco, porque Hans não tinha mandado consertar uma ferradura solta – ferraduras ocupavam um lugar baixo em sua lista de prioridades. Então, ele teve de andar a pé. E também acabou manco, porque uma bota furou – botas ocupavam um lugar baixo em sua lista de prioridades. Hans ficou impedido de ver sua princesa. Para piorar, ele precisou passar mais tempo cuidando dos negócios, que iam mal por causa de suas constantes ausências.

Novamente em desespero, o rapaz se lembrou de outro mago,

este vivendo na floresta que havia junto ao povoado. Segundo diziam, tratava-se de um mago mais sábio do que o anterior, se é que isso era possível. Então, Hans alugou outro cavalo, pagando um alto preço, e foi procurar o segundo mago.

– Faça agora! – disse o mago. – Esse é o segredo! Fazer imediatamente! Se você tivesse consertado a ferradura logo que reparou que estava solta, o problema não existiria. O mesmo aconteceu com a bota. Faça agora!

O maravilhoso conselho fez o coração de Hans saltar dentro do peito. Ao chegar em casa, ele começou a fazer tudo o que vinha adiando. Mandou as botas para o sapateiro e o cavalo para o ferrador. Emitiu as notas de compra dos clientes, tendo o cuidado de guardar o recibo do banco. Escreveu aos pais uma carta que deveria ter escrito há semanas. E lembrou-se de mandar entregar! Naquela noite, foi deitar-se com o coração leve.

Na manhã seguinte, enquanto se barbeava, Hans notou uma rachadura no espelho.

– Faça agora! – disse para si mesmo.

De saída para comprar um espelho novo, percebeu que a calha do lado de fora da casa estava pingando.

– Faça agora! – disse.

Pegou uma escada e subiu, para ver qual era o problema. Lá de cima, viu passar um homem que lhe devia dinheiro.

– Faça agora! – disse.

E desceu depressa a escada, para falar com o homem. Foi então que se lembrou de que deveria estar comprando um espelho.

– Faça agora! – disse.

E retomou o caminho da loja de espelhos.

Ao fim do dia, Hans tinha iniciado inúmeras tarefas, mas os negócios estavam negligenciados, e ele não escrevera uma linha sequer para a princesa.

Mais uma vez, o rapaz entrou em desespero. Foi quando se lembrou de ter ouvido falar em um mago ainda mais poderoso que vivia no sopé da montanha, atrás do povoado. Assim, contratou um guia e alugou dois burros, pagando bem mais caro por eles, e saiu em direção à montanha, onde ficava a cabana do mago.

– O segredo é organizar uma lista de tarefas – disse o mago – e numerar os itens de acordo com a ordem que vai seguir. E vá riscando o que estiver feito.

Mais uma vez, Hans se sentiu feliz em receber um conselho maravilhoso. Ao chegar em casa, começou a fazer a lista. Como vinha negligenciando seus afazeres, ela ficou muito longa. Mas numerou os itens e tratou de agir. Cada item riscado era uma satisfação. Ele gostou tanto, que pensou em novos itens para acrescentar à lista – que cresceu, cresceu... Para cada tarefa cumprida, surgiam pelo menos outras três. Assim, a listagem para o dia seguinte era o dobro da original.

Ao fim de dois dias, Hans teve a impressão de que gastava mais tempo organizando a lista do que cumprindo as tarefas. E foi de novo tomado pelo desespero.

Eis que um amigo lhe falou de um mago poderosíssimo que vivia no topo da montanha mais alta de toda a cadeia. Daquela vez, não bastaram um guia e dois burros. Hans teve ainda de contratar carregadores e alugar algumas tendas. Somente depois de quatro dias de subida, o grupo chegou à caverna do mago, e o rapaz pôde abrir seu coração.

– O problema é fácil de resolver – disse o mago. – Faça uma lista de tarefas, mas escreva ao lado de cada uma o período de tempo de que dispõe. Assim, saberá exatamente o que pode fazer no dia. Programe o seu tempo, meu filho. Essa é a solução.

Aquele parecia o melhor conselho já recebido. Montado em um dos burros, Hans foi montanha abaixo, pegou a lista, calculou quanto tempo levaria para cumprir cada tarefa e programou o dia seguinte, desde a hora de levantar até a hora de dormir. No primeiro dia, que maravilha! Ele foi deitar-se com a impressão de que aquele tinha sido o dia mais produtivo de sua vida. O segundo foi melhor ainda. No terceiro dia, quase decorridos os 25 minutos que Hans havia reservado para o almoço, parou em sua porta uma carruagem trazendo um convite da princesa para que passasse a tarde no castelo. No entanto, ele havia programado escrever uma carta para ela entre 15h20 e 15h55. Assim, como o convite não se encaixava na programação, mandou embora o mensageiro.

Mal a carruagem desapareceu na curva, Hans se deu conta do que havia feito. Lembrou que todo o seu esforço para administrar melhor o tempo era para que pudesse namorar a princesa. Ele acabava de desperdiçar uma oportunidade preciosa porque não se encaixava em sua programação. Aquele sistema não funcionava, por causa das interrupções que davam a impressão de vir de toda parte. E ele se desesperou.

Infelizmente, parecia não haver mais magos por perto. Mas Hans se lembrou de ter ouvido comentários sobre um, incrivelmente poderoso, que vivia sobre uma colina, no meio do deserto que se estendia além da cadeia de montanhas. Dessa vez, ele teve de montar uma expedição completa. Para isso, penhorou a casa e vendeu os negócios. Depois de penosos meses de viagem, encontrou o mago no alto da colina e contou-lhe todos os problemas.

– Faça primeiro o que mais lhe der medo – foi tudo o que o sábio disse.

Hans entendeu que aquela era a chave que há tanto procurava. Cheio de alegria, empreendeu a longa viagem de volta.

– De que mais tenho medo? – perguntou a si mesmo. – De pedir a mão da princesa em casamento, é claro.

Realmente, a idéia o aterrorizava demais. E ele sabia que, enquanto não pedisse a mão da princesa em casamento, não deveria iniciar tarefa alguma. Então, paralisado de medo, nada mais fez. Como deixou de pagar a hipoteca, teve a casa confiscada.

– Não tenho mais nada a perder – disse. – Vou até o castelo agora mesmo pedir a mão dela.

Assim, seguiu mancando pela estrada (as expedições anteriores só fizeram piorar o pé machucado) e chegou ao castelo. Ainda cambaleante, pediu a princesa em casamento. Ela olhou aquele jovem maltrapilho, barbado e sujo, e mandou-o embora imediatamente.

Abatido, Hans partiu de volta ao povoado. No caminho, por entre lágrimas, viu um homem que caminhava em sua direção. Pela prática, sabia reconhecer um mago, e seu coração disparou ao perceber que aquele parecia extraordinariamente poderoso.

O mago demonstrou simpatia.

– O problema, meu filho, é que você tenta resistir à vida, em vez de render-se a ela. Esqueça tudo o que ouviu dos outros magos. Siga o fluxo, simplesmente. Deixe que a vida o leve. Viva o momento. Siga o caminho de menor resistência.

De todos os conselhos que Hans tinha recebido, aquele parecia a maravilha das maravilhas. Agradecendo efusivamente, ele seguiu pela estrada. Ao passar pela taberna, sentiu que o caminho de menor resistência o levava a entrar. Lá, Hans aprendeu a render-se à vida e esqueceu a princesa.

E quanto a ela, casou com um lindo príncipe que tinha servos para fazer todo o trabalho.

4

Métodos comuns de administração do tempo

Vamos examinar os conselhos que os magos deram a Hans – basicamente os mesmos encontrados na maior parte dos livros de administração do tempo. As dificuldades enfrentadas pelo rapaz são uma versão exagerada dos nossos problemas, ao tentarmos seguir conselhos semelhantes. Tais dificuldades mostram que os métodos comumente sugeridos para a administração do tempo raramente funcionam. Nem por isso, porém, podemos dizer que sejam completamente inúteis. Neste capítulo, vamos ver por que os conselhos não dão certo, apesar de parecerem bons, e como extrair deles o maior valor, desde que estejamos conscientes de suas limitações.

Os métodos mais comuns de administração do tempo não funcionam de maneira consistente

Durante os anos em que devorei livros de administração – um em seguida do outro – encontrei os mesmos temas abordados várias vezes. Ainda que apresentados sob formas diferentes, a conclusão trazia conselhos muito semelhantes. Aos poucos me convenci de que o motivo pelo qual as pessoas, em sua maioria, continuam a enfrentar problemas com a administração do tempo são as falhas nos métodos sugeridos. Embora pareçam bons, eles não funcionam de maneira consistente. Não quero com isso negar que dão certo para alguns nem decretar sua inutilidade. Desejo apenas dizer que, para os que enfrentam problemas verdadeiros de direcionamento da atenção, eles simplesmente não cumprem aquilo a que se propõem.

A história de Hans seleciona exemplos representativos dos mais comuns métodos de administração do tempo. Vamos examinar em detalhes cada um deles, apontando suas desvantagens, para entender por que falham. Vamos também destacar o que podemos aprender com eles e em que circunstâncias seriam úteis. Algumas dessas lições poderão ser postas em prática imediatamente; outras deverão esperar até chegarmos às futuras seções deste livro.

Eis um resumo dos conselhos que Hans recebeu dos magos:

- estabeleça prioridades;
- faça agora;
- organize listas de tarefas;
- programe o seu dia;
- faça primeiro o que lhe der mais medo;
- siga o fluxo.

Todos parecem bons. Hans ficou verdadeiramente encantado ao recebê-los. Se você já experimentou um deles, é provável que se tenha entusiasmado à primeira vista. No entanto, tal como Hans, deve ter concluído que a prática não é assim tão fácil. As pessoas, em sua maioria, culpam-se por isso, em vez de questionar o princípio. Então, vamos começar pelo primeiro conselho recebido – talvez o mais comum de todos.

Estabeleça prioridades

A priorização é a "vaca sagrada" dos métodos de administração do tempo. Não me lembro de ter lido um só livro sobre o assunto que não aconselhasse algum tipo de estabelecimento de prioridades. A simples menção à possibilidade de que a priorização seja uma abordagem equivocada provoca suspiros de insatisfação – com freqüência, da parte dos mesmos que repetidamente falham nessa tarefa. Tem-se a impressão de que tais pessoas pensam que prioridades *devem* ser estabelecidas, pois o defeito não é do método, mas dos seres humanos que o aplicam.

Parece que ouço você dizer: "Ei, espere aí! O exercício que você propôs no capítulo anterior era sobre priorização!" A minha resposta seria: "Não exatamente. Tratava-se de um exercício de escolhas, e não de prioridades." Se fez o exercício direito, você ficou com uma lista de tarefas às quais escolheu dedicar atenção, sem ordem de prioridade. Isso é muito diferente de distribuir a atenção, de modo que algumas tarefas recebam mais do que outras.

> A QUESTÃO NÃO É A POSIÇÃO DE UMA TAREFA NA LISTA DE PRIORIDADES, MAS SE ELA DEVE OU NÃO SER REALIZADA.

O problema da priorização costuma ser o excesso de tarefas. Digamos que você esteja trabalhando nos projetos A, B e C. Se der prioridade a um deles, é provável que algum (ou mais provavelmente todos) seja negligenciado. A melhor solução seria cortar um projeto, de modo que sobrasse tempo para dedicar aos dois restantes, que teriam prioridades iguais.

Esse foi um exemplo simples, mas ilustra um fato básico acerca da distribuição da atenção. A questão não é a posição de determinada tarefa em uma lista de prioridades, mas se ela deve ou não ser realizada. Isso é tão importante, que vou repetir: **A questão não é a**

posição de determinada tarefa em uma lista de prioridades, mas se ela deve ou não ser realizada. Se você não pode executar todos os projetos que tem em mãos, a única solução satisfatória é ir cortando um a um, até chegar a uma quantidade compatível com os recursos de que dispõe.

No entanto, é bom lembrar: quando decidir o que fazer, faça mesmo. Se resolver comprometer-se com o projeto A, cuide de todas as tarefas associadas a ele. Nada de priorizar uma e deixar outras de lado. Se pensar, por exemplo, que o contato com clientes merece mais atenção do que a organização de um bom sistema de arquivo, os registros ficarão em tal confusão, que acabará perdendo clientes.

Se respondermos com rigor à pergunta "Isto deve ser feito?", tudo o que fizermos representará uma contribuição para as metas como um todo. Nenhum aspecto poderá ser considerado de menor prioridade. Há cerca de dois mil anos, ao dirigir-se aos seguidores do cristianismo, então iniciante, São Paulo disse:

> Se todos, porém, fossem um só membro, onde estaria o corpo?
> O certo é que há muitos membros, mas um só corpo.
> Não podem os olhos dizer à mão: Não precisamos de ti;
> Nem a cabeça aos pés: Não preciso de vós.
> Pelo contrário, os membros do corpo que parecem mais fracos são necessários.
>
> (1 Coríntios 12:19-22)

Se classificarmos uma das nossas tarefas como *mais fraca* (ou seja, de baixa prioridade) e a deixarmos de lado, logo vamos descobrir que é indispensável. Tarefas sem graça, sejam administrativas ou de outra natureza, têm tanta importância para o resultado final quanto aquelas chamadas de *alta prioridade*. Se não forem cumpridas as tarefas básicas, o trabalho de alta prioridade não evoluirá.

Exercício

Reveja o exercício da página 37, com base no que eu disse sobre prioridades. Não hesite em abandonar projetos inteiros. Imagine cenários diferentes e descubra qual lhe dá mais satisfação. Lembre que esse é um exercício de *escolha*. Aja como se estivesse escolhendo os pratos no cardápio de um restaurante. Você decide!

IMPORTANTE: Por enquanto, trata-se apenas de um exercício. Logo avançaremos um pouco, e você estará em condições de começar a praticar.

Depois de passar algum tempo falando contra a priorização, devo dizer que, em certas ocasiões, é uma estratégia útil e necessária. Isso acontece quando se trata de *urgência*, e não de *importância*, geralmente em situações de crise. No entanto, se você dedicar a medida exata de atenção a todos os aspectos do trabalho, as crises e emergências raramente acontecerão, embora possam ocorrer de vez em quando, de um modo ou de outro. Assim, é preciso preparar-se para responder.

> SE VOCÊ DEDICAR A MEDIDA EXATA DE ATENÇÃO A TODOS OS ASPECTOS DO TRABALHO, AS CRISES E EMERGÊNCIAS RARAMENTE ACONTECERÃO.

Veja uma cena típica. Você acaba de chegar ao trabalho e tem pela frente uma manhã movimentada, que inclui a finalização dos preparativos para uma reunião à tarde, quando fará uma apresentação. Você deixou algumas coisas para a última hora, mas sabe que terá tempo para se preparar e cuidar das outras questões que aguardam a sua atenção. Quando começa a trabalhar, o telefone toca. É um dos seus clientes mais importantes, com um pedido de emergência que deve ser tratado imediatamente. Você desliga e, de repente, não faz a menor idéia de como ter tudo pronto à hora da reunião. Você começa a entrar em pânico e não consegue agir.

Talvez você não tenha passado por situação igual a essa, mas com certeza reconhece a sensação de pânico que nos invade quando percebemos que *não vai dar tempo*. Nesse exemplo, o perigo é você correr em círculos como uma galinha degolada e fazer uma apresentação apressada e insegura.

O primeiro passo é tornar o seu medo específico, reduzindo assim a sensação de pânico generalizado. Medos específicos imobilizam menos do que medos inespecíficos. Isso pode ser conseguido por meio de uma lista de tarefas. O mero ato de escrever quantifica o medo e reduz o pânico.

O segundo passo é utilizar um sistema simples de priorização. O que considero mais eficiente, para uma situação como a que estamos analisando, é classificar os itens da lista de acordo com o seguinte código:

A – Tem (obrigatoriamente) de
B – Deve
C – Pode

Essas prioridades precisam ser estabelecidas dentro do contexto de um período de tempo específico. Em outras palavras: O que você *tem de* fazer antes da reunião? O que *deve* fazer antes da reunião? O que *pode* fazer antes da reunião, se tiver tempo? Uma vez organizada a lista, comece a trabalhar no que for mais urgente do item A – o que *tem de* fazer. Aí talvez se inclua pedir a outras pessoas que executem algumas tarefas para você.

É importante entender que esse é um método para ser empregado na crise. Não funciona no dia-a-dia, por uma razão muito simples: em um dia comum, você provavelmente não iria além da metade do item B. E, no dia seguinte, A e B teriam novos subitens. Isso significa que as tarefas do item C ficariam abandonadas até se tornarem item A. Em outras palavras, você adiaria o cumprimento das tarefas até que elas não fossem mais necessárias ou se tornassem emergências. Eis aí uma descrição razoavelmente boa do método de trabalho da maioria das pessoas! Não se preocupe, porém. Ao fim da leitura deste livro, você terá aprendido métodos melhores.

Exercício

Este exercício se divide em duas partes.

Parte um

1. Elabore uma lista de tudo que tem a fazer nos dias úteis da próxima semana. Inclua tarefas do dia-a-dia e também aquelas que vive adiando. Não se preocupe em saber se vai dar tempo ou não.
2. Estabeleça prioridades, usando os itens TEM DE, DEVE e PODE, da maneira sugerida. Priorize somente em relação a amanhã, ou ao próximo dia de trabalho. Assim, o que você *tem de* fazer amanhã? O que *deve* fazer amanhã? Tudo o mais cai na categoria PODE.
3. Examine a sua lista da categoria PODE. Aceite o fato de que provavelmente nunca vai cuidar desses itens enquanto estiverem nessa categoria. Quais vão desaparecer, e quais vão se tornar emergências, se deixados de lado? Especifique.

Parte dois

1. Pegue a mesma lista (ou copie, se for preciso) e, desta vez, estabeleça prioridades em ordem de importância. Cabe a você decidir o critério que vai adotar. Escreva o número 1 ao lado do item mais importante, o 2 ao lado do que for o segundo em importância e assim por diante, até o fim da lista.
2. A seguir, com base na sua experiência, responda o mais honestamente possível à seguinte pergunta: que porcentagem dos itens da lista você considera capaz de ser cumprida durante a próxima semana, 100%? Improvável, ou você não precisaria ler este livro. Ou 60%? Ou 20%?

3. Qualquer que seja a sua resposta, calcule quantos itens isso representaria. Se a sua lista, por exemplo, tiver 50 itens, e a sua resposta for 40%, quer dizer que, ao fim da semana, você provavelmente terá cumprido 20 tarefas.
4. Marque os itens que terá cumprido ao fim da semana, se a sua previsão estiver certa. Então, examine os que ficarão para depois. Mais uma vez, aceite o fato de que a maior parte deles nunca será cumprida, se continuar no mesmo nível de importância. Tal como fez na primeira parte, especifique os que provavelmente se tornarão emergências e os que simplesmente desaparecerão.

Nas duas partes do exercício que você acabou de fazer, os itens da lista foram priorizados, primeiro, por urgência e, segundo, por importância. E nas duas vezes o resultado foi semelhante: alguns vão transformar-se em emergências, e outros vão desaparecer por falta de atenção.

Meu propósito com esses dois exercícios é mostrar que, quando há compromissos em excesso, não há sistema de priorização que possibilite a cada um deles receber a atenção devida. Com trabalho demais, a priorização não funciona. E com pouco trabalho, a priorização não é necessária.

Até aqui, aconselhei você a não fazer grandes mudanças com base nos exercícios, exceto dizer não, para evitar assumir mais responsabilidades. Mas agora você alcançou o estágio em que pode começar a fazer alterações. Sugiro que volte – pela terceira vez – ao exercício da página 37, desta vez com a intenção de cortar alguns dos seus compromissos. Assuma o processo lentamente e volte a ele muitas vezes, durante a leitura do restante do livro.

Faça agora

Outra frase favorita dos *experts* em administração do tempo é *faça agora*, freqüentemente combinada à idéia de que se deve pegar cada papel uma vez apenas. Concordo que *faça agora* é um princípio excelente, sob determinadas circunstâncias. Quando eu era mais jovem e mais irresponsável, por exemplo, costumava ter problemas com o abastecimento do meu carro. Ainda que o tanque estivesse quase vazio, eu sempre decidia esperar pelo próximo posto de gasolina. E fazia o mesmo no seguinte. Até que acontecia o inevitável: eu me via procurando um posto desesperadamente, enquanto a agulha do marcador apontava para vazio. Em algumas ocasiões, cheguei a ficar completamente sem gasolina. Hoje, adotei uma regra: sempre que a luz amarela de advertência acende, paro no posto seguinte, sem falta.

Outro mau hábito que eu tinha era sair de uma reunião, atirar em uma pilha os papéis que trazia e esquecer-me deles. Como resultado inevitável, todas as ações combinadas na reunião eram deixadas de lado. Com o emprego do princípio *faça agora*, porém, os papéis são arquivados e a ação é programada para o dia seguinte. São apenas cinco minutos, no máximo, mas fazem toda a diferença em termos de eficiência.

> *FAÇA AGORA* É UMA ATITUDE EXTREMAMENTE ÚTIL QUANDO SE TRATA DE ESTABELECER SISTEMAS E ROTINAS QUE GARANTAM TRANQÜILIDADE.

Portanto, *faça agora* é uma atitude extremamente útil quando se trata de estabelecer sistemas e rotinas que garantam tranqüilidade à vida pessoal e profissional. Os dois exemplos apresentam uma característica comum: não existe dúvida quanto ao próximo passo, que foi decidido previamente ou representa a atitude lógica em uma cadeia de ações. A frase, em outras palavras, é um meio de impedir que nos desviemos de um caminho claramente traçado.

O problema surge quando lidamos com ações que não fazem parte de uma rotina estabelecida. Nesse caso, se nos disserem *faça agora*, podemos perguntar: "Fazer o quê?" A todo momento nos deparamos com mil e um afazeres. Ao decidirmos executar uma tarefa, decidimos ao mesmo tempo deixar de lado outras mil. É uma questão de seletividade. Como resolvemos *o que* fazer imediatamente? Se, tal como Hans, respondermos ao que acontece em determinado momento, vamos conseguir apenas ficar cada vez mais enterrados em pequenas tarefas triviais.

Faça agora pode não ser a melhor maneira de cumprir muitos afazeres. A estratégia é prática quando se trata de lidar sistematicamente com certos aspectos da vida, e não de ficar saltando de atividade em atividade. Uma estratégia mais eficiente é decidir *não* executar uma tarefa, adiando-a para quando forem executadas outras do mesmo tipo. Vamos tratar disso mais adiante.

Faça agora é um conceito importante para uma boa administração da vida, desde que utilizado adequadamente. Vou retornar ao assunto nos capítulos finais, quando estivermos mais perto do objetivo deste livro, que é levá-lo a fazer a coisa certa na hora certa, sem precisar pensar. Mas ainda temos um longo caminho a percorrer até lá.

ORGANIZE LISTAS DE TAREFAS

Assim como nunca li um livro sobre administração do tempo ou organização pessoal que não defendesse a priorização, jamais encontrei um que não aconselhasse as listas de tarefas. Essas duas estratégias parecem ser a principal mercadoria da maior parte dos sistemas de administração do tempo. Mas a triste realidade é que, em sua maioria, as pessoas que adotam as listas de tarefas não o fazem de maneira consistente. E as que persistem acabam, com freqüência, prisioneiras e incapazes de ver a vida em outros termos que não seja a marcação dos itens da lista.

Preciso deixar claro que faço uma distinção fundamental entre listas de tarefas e de checagem. Esta última relaciona pequenas tarefas necessárias ao cumprimento de uma tarefa maior. Uma lista de compras é um exemplo do dia-a-dia de lista de checagem. Outros exemplos incluem:

- pontos a abordar durante um telefonema;
- etapas de um novo projeto;
- rotina de limpeza de um quarto de hotel;
- detalhes combinados com um cliente;
- pontos a observar durante a verificação de equipamentos de combate a incêndio.

As listas de checagem são essenciais para um trabalho eficiente, em especial quando iniciamos uma nova tarefa. Com isso, reduzimos a resistência ao próprio trabalho. Tarefas menores são menos assustadoras do que as grandes.

Listas de tarefas pertencem a uma espécie completamente diferente. Enquanto a lista de checagem contém ações *relativas a um projeto ou tarefa maiores e específicos*, a de tarefas contém itens *não relacionados entre si*, que devem ser executados em determinado espaço de tempo – um dia, geralmente.

Conforme já vimos, o maior problema das listas de tarefas é que, qualquer que seja o sistema de priorização utilizado, uma parte considerável delas não será realizada no período de tempo estipulado, e precisará ser transferida para outra ocasião. Como as tarefas não se relacionam entre si, a mente humana só consegue pensar em acrescentar outras. Com isso, a lista cresce e cresce, aumentando a carga transferida para o dia seguinte. Até que, por excesso de uso, o papel se rasga, provocando no dono dela um suspiro de alívio, ao sentir-se livre.

Exercício

Parte um

Pegue um projeto razoavelmente simples que venha adiando há algum tempo. Decida começá-lo hoje. Elabore uma lista de checagem, incluindo nela o que precisa ser feito para que conclua a tarefa. Se algum dos itens ainda lhe parecer muito difícil, divida-o. Execute pelo menos um. Repare que a resistência a executar um item é bem menor do que a execução do projeto inteiro.

Parte dois

Em seguida, reveja a lista de checagem que fez na parte um do exercício. Verifique se existem ações que possam ser acrescentadas, para que o projeto seja realizado da maneira mais completa possível. Tente encontrar pelo menos duas ou três.

Com esse exercício, quero que observe o seguinte: itens acrescentados a uma lista de checagem fazem *aumentar* sua eficácia e facilidade. Quanto mais fracionado o projeto, melhor será realizado, e mais fácil se tornará a execução de cada item.

> A PROGRAMAÇÃO REPRESENTA A BASE DE COMO VIVEM OS MUITO RICOS, BEM-SUCEDIDOS E PODEROSOS.

Essa situação contraria o que acontece quando se acrescentam itens a uma lista de tarefas – a *redução* da eficácia e da facilidade – pois quanto mais longa a lista, mais difícil de ser administrada.

PROGRAME O SEU DIA

Programar é mais ou menos como ter uma lista de tarefas com o tempo reservado para cada uma. Você não apenas relaciona as ações, mas decide *quando* executá-las. Isso tem uma grande vantagem: obriga você a examinar realisticamente o que pode realizar em um dia e a fazer as escolhas necessárias.

A programação representa a base de como vivem os muito ricos, bem-sucedidos e poderosos deste mundo. Se você for a rainha, o papa ou uma superestrela do cinema, terá boa parte da vida regida pela programação. Então, tendemos a pensar que, se é assim que vivem as pessoas que alcançaram *status* e riqueza, quem sabe não acontecerá o mesmo conosco?

O problema com essa idéia é que viver segundo uma programação é o *resultado*, e não a causa, de riqueza e poder. Os muito ricos, bem-sucedidos e poderosos contam com agentes, assessores e outros que planejam suas atividades e cuidam para que a programação seja cumprida. Você não vai encontrar o presidente dos Estados Unidos quase em pânico, vasculhando uma pilha de papéis, na tentativa de encontrar o envelope no qual anotou a hora da partida do vôo em que embarcará para uma viagem oficial à França.

Para nós, pessoas comuns, surgem duas importantes dificuldades quando tentamos programar a vida. A primeira é que a vida é imprevisível. A segunda é que o fato de determinarmos a duração de uma tarefa não significa que ela será cumprida realmente.

Interrupções e emergências acontecem. Se formos sensatos, reservaremos um tempo extra para elas. Ainda assim, porém, inevitavelmente vamos ver que a programação "furou" e precisará ser refeita. Às vezes, parece que passamos mais tempo refazendo a programação do que cumprindo as tarefas. Portanto, o primeiro problema com esse sistema é a inflexibilidade, ou seja, a não aceitação de interrupções, crises e emergências.

O segundo problema da programação é que freqüentemente não precisa de uma crise ou interrupção para "furar". Nós mesmos fazemos isso. Não há nada de errado em escrever o horário em que pretendemos trabalhar em um determinado assunto, mas isso não nos faz cumprir o planejado nem nos impede de mudar de idéia.

Assim como percebo uma distinção fundamental entre uma lista de tarefas e uma lista de checagem, considero fundamentalmente diferentes uma programação e um planejamento. A programação, de modo semelhante à lista de tarefas, é feita de ações não relacionadas entre si. O planejamento compreende listar as ações relativas a uma tarefa maior, específica, exatamente como uma lista de checagem menciona itens relativos a uma tarefa maior. E, tal como esta última, quanto mais abrangente e detalhado o planejamento, maior a sua efetividade.

Planejar é um modo muito eficiente de organizar o tempo, quando se tem um compromisso específico a cumprir. Indivíduos com problemas crônicos de atraso, em geral, dão um grande passo no sentido da superação ao planejarem o período imediatamente anterior ao compromisso.

O planejamento é essencial quando se trata de coordenar as atividades de uma ou mais pessoas – e se houver regulação de tempo, organiza-se a estrutura que permite a utilização por mais de uma pessoa do mesmo espaço ou dos mesmos meios de comunicação, para a realização de uma tarefa comum.

Exercício

Se você costuma atrasar-se para reuniões, experimente planejar os momentos que antecedem o evento. Se a reunião vai começar às 11, a que horas você deve chegar, para não ter de correr? A que horas deve sair de casa? A que horas deve interromper outras tarefas? Esse é, geralmente, um ponto crucial. Se você conseguir deixar de lado outros afazeres na hora certa, aumentará significativamente a probabilidade de chegar a tempo à reunião. Adiante, vamos voltar ao assunto.

FAÇA PRIMEIRO O QUE LHE DER MAIS MEDO

Outro conselho muito comum é: pegue a lista de tarefas do dia e escolha, para começar, a tarefa que mais lhe dá medo. A teoria é que, uma vez eliminado o maior medo, tudo o mais parece relativamente fácil.

Tal como prometi para *faça agora*, voltarei a tratar desse conselho em um contexto avançado, pois acredito que, com pequenos ajustes, ele pode ser a chave dos níveis mais elevados da administração da atenção.

O problema é que tal conselho é dado geralmente a pessoas que já não administram muito bem a atenção – que, em especial, não aprenderam a superar a resistência, mesmo em suas formas mais óbvias e menos traiçoeiras. Dizer a alguém com problemas de adiamento "Faça primeiro o que lhe der mais medo" é como dizer a um aluno de Literatura que, se ler *Ulisses*, de Joyce, vai achar tudo o mais facílimo. Tentar uma empreitada acima da nossa capacidade, além de não nos melhorar em nada, só serve de desestímulo.

Como resultado, depois de alguns dias, a pessoa acaba desistindo, por não conseguir completar o primeiro item. Então, volta ao estado original de desorganização.

> TENTAR UMA EMPREITADA ACIMA DA NOSSA CAPACIDADE SÓ SERVE DE DESESTÍMULO.

Outra objeção, esta mais sutil, é o fato de a tarefa que mais nos assusta não ser necessariamente aquela a que resistimos mais. Podemos ter medo de telefonar para um cliente insatisfeito, mas resistirmos realmente a observar melhor as razões da insatisfação do tal cliente. A diferença entre o que nos assusta e o que nos provoca resistência é crucial. É isso que vamos explorar nos capítulos finais deste livro.

SIGA O FLUXO

Você se lembra do conselho do último mago: "O problema, meu filho, é que você tenta resistir à vida, em vez de render-se a ela. Esqueça tudo o que ouviu dos outros magos. Siga o fluxo, simplesmente. Deixe que a vida o leve. Viva o momento. Siga o caminho de menor resistência."

Seguir o fluxo representa uma abordagem à administração do tempo radicalmente diversa dos métodos ensinados pelos outros magos e descritos por mim neste capítulo. Na verdade, pode ser considerada um método antiadministração do tempo. Suas características são tão diferentes, que tal conselho não costuma ser encontrado em livros sobre o assunto, sendo mais comum em trabalhos sobre espiritualidade. Conforme disse o mago, o conceito básico é: em vez de tentar *administrar* a vida, *renda-se* a ela. Segundo a teoria, se fizermos isso, veremos um caminho abrir-se diante de nós, sem necessidade do desgaste e da inquietação que acompanham as tentativas de administrar o inadministrável.

O problema de seguir o fluxo é que as pessoas, em sua maioria, não dispõem de uma estrutura firme o bastante para deixar a vida fluir adequadamente. Aqui cabe uma metáfora sobre a diferença entre um pântano e um rio. Ambos são feitos de água, mas a diferença é que o rio tem margens e vai para algum lugar, enquanto o pântano não tem margens e não vai a lugar algum. Quando as pessoas tentam seguir o fluxo, muitas vezes acabam atoladas no pântano. Ao buscar seguir o caminho de menor resistência, ficam estagnadas.

Se quisermos seguir o fluxo, precisamos de margens para o nosso rio, de modo que a resistência empurre as águas da vida. Nos últimos capítulos do livro, vamos explorar melhor esse assunto, quando será feita uma síntese de dois métodos de administração do tempo radicalmente diferentes. Nosso objetivo é fluir no sentido de fazer a coisa certa na hora certa. Mas ainda há muito chão a percorrer até chegar lá.

Neste capítulo, examinamos a maior parte dos conselhos sobre administração do tempo atualmente aceitos, para ver quais são suas vantagens e limitações. Assim, descobrimos que nenhum deles é capaz de tirar as pessoas do impasse em que se encontram.

No próximo capítulo, vamos ver o que é necessário para criar um sistema que nos permita administrar a vida como desejamos.

Resumo da ação

- Use a priorização em emergências ou quando tiver um prazo urgente a cumprir.
- Use *faça agora* para manter-se em foco ao cumprir tarefas rotineiras ou pré-determinadas.
- Quando ocorrer um problema, direcione a sua atenção para *as causas*.
- Elabore listas de checagem para fracionar as ações necessárias ao cumprimento de um projeto ou para garantir que uma tarefa seja completada adequadamente.
- Elabore um planejamento, para que haja coordenação entre as suas ações e as ações dos outros envolvidos no projeto.
- Lembre que, para seguir o fluxo, você precisa de margens para o seu rio!

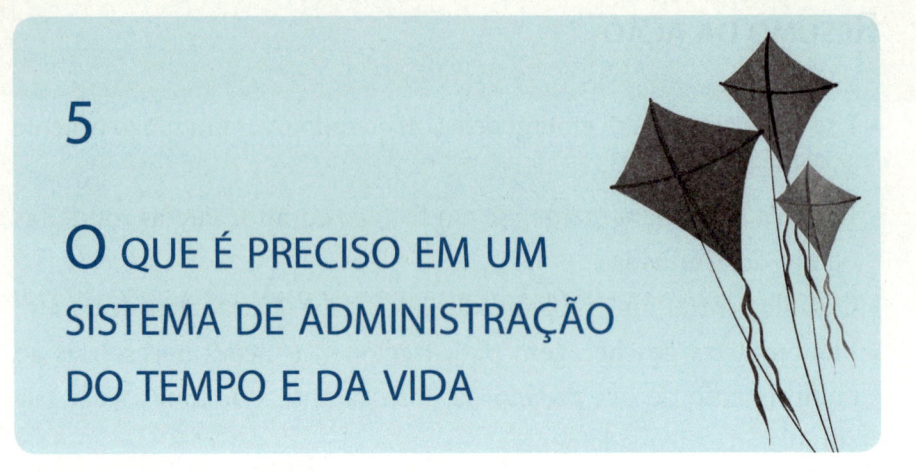

5
O QUE É PRECISO EM UM SISTEMA DE ADMINISTRAÇÃO DO TEMPO E DA VIDA

Conforme vimos no capítulo anterior, técnicas aparentemente boas não bastam, pois, na verdade, só funcionam sob determinadas circunstâncias. Precisamos da chave que leva a transformações radicais em nosso modo de viver. Neste capítulo, vamos ver o que caracteriza um sistema realmente eficiente de administração da vida. Em especial, vamos analisar a causa básica da maior parte dos problemas de administração do tempo e da vida: a resistência.

ATENÇÃO REGULAR, FOCADA E SUFICIENTE É A CHAVE DO SUCESSO

"As circunstâncias refletem aquilo a que damos atenção." Eis aí uma boa regra prática. Se prestarmos atenção em nosso condicionamento físico, vamos ter um condicionamento físico de alto padrão. Se prestarmos atenção em nosso trabalho, vamos ter um trabalho de alto padrão. Se prestarmos atenção em nosso casamento, vamos ter um casamento de alto padrão. Não quero dizer com isso que evitaremos problemas, reveses ou insucessos; ao contrário, estes podem até aumentar, porque estaremos mais dispostos a correr riscos e assumir novas empreitadas. Mas se adquirirmos o hábito de dar às questões a atenção de que necessitam, estaremos prontos para lidar com as dificuldades que surgirem.

Por outro lado, se dedicarmos toda a nossa atenção ao que mostra a televisão, teremos um bom conhecimento de trivialidades, mas pouco a transmitir. Quando a nossa atenção se dispersa, pulando de um alvo a outro, a vida reflete isso, tornando-se caótica e sem objetivo.

Nosso cérebro possui uma eficiência notável quando se trata de filtrar a massa de informações que nos é apresentada, de modo que registramos apenas o que é relevante para o que merece a nossa atenção no momento. Você já deve ter reparado que, sempre que compra um carro novo, passa a encontrar com freqüência carros da mesma marca e modelo. Não é preciso procurar, o seu cérebro lhe mostra automaticamente.

Sempre que dirigimos a atenção para alguma coisa, são liberados os incríveis poderes do nosso cérebro. Quase todos os problemas e desafios podem ser resolvidos pela nossa atenção. Infelizmente, as pessoas, em sua maioria, apresentam atenção difusa, fragmentada ou desperdiçada com questões triviais. Um dos objetivos deste livro é demonstrar que não precisa ser sempre assim.

> SE DERMOS ÀS QUESTÕES A ATENÇÃO DE QUE NECESSITAM, ESTAREMOS PRONTOS PARA LIDAR COM AS DIFICULDADES.

No entanto, não basta dizer que a nossa atenção é capaz de resolver virtualmente qualquer problema. Existem várias condições a cumprir.

A atenção tem de ser focada

Uma atenção que salta constantemente de um objeto para outro, que se desvia facilmente ou que desiste assim que encontra resistência não basta. Para ser efetiva, a atenção tem de ser focada.

A atenção tem de ser regular

Tudo o que não recebe atenção regular muda para pior. Isso se aplica a plantas, jardins, carros, casas, família, saúde – tudo. Se a atenção for irregular, os resultados positivos também o serão, na melhor das hipóteses.

A atenção tem de ser suficiente

Por mais que a nossa atenção seja regular e focada, só alcançará resultados se for suficiente. Quando damos pouca atenção a um projeto, saímos perdendo duas vezes. Primeiro, por não serem alcançados os nossos objetivos; segundo, pelo desperdício da atenção, que poderia ter sido dirigida para outro projeto. No capítulo anterior, ao discutir a priorização, enfatizei quanto é inútil mantermos na vida uma atividade – *qualquer que seja* – à qual não temos condições de dar a devida atenção.

Freqüentemente mantenho com meus clientes conversas deste tipo:

- Preciso aprender a estabelecer prioridades em meu trabalho.
- O que exatamente quer dizer com isso?
- Quero dizer que preciso aprender para o que dirigir mais, ou menos, atenção.
- Você quer saber o que fazer bem e o que fazer mal?

A razão do fracasso da maior parte dos projetos é o fato de não receberem atenção focada, regular e suficiente. O contrário também se aplica: a razão do sucesso dos projetos é o fato de receberem atenção focada, regular e suficiente. Isso vale tanto para a manutenção das plantas do quintal como para um grande projeto de engenharia civil. Nosso sistema de administração da vida deve garantir atenção focada, regular e suficiente para todos os projetos, ou não servirá para coisa alguma.

Resistência e adiamentos são os maiores problemas da administração da vida

A resistência ao que nos acontece está na base de praticamente todos os problemas de administração da vida. Um resultado negativo disso são os adiamentos, que podem adotar formas sutis de disfarce. O excesso de tarefas, por exemplo, é uma forma disfarçada de adiamento, em que nos enchemos de atividades, para evitar fazer o que precisa ser feito.

A resistência ocorre essencialmente quando uma atividade é mais difícil do que outra – em termos subjetivos, e não objetivos. A dificuldade técnica pode ser anulada pelo comprometimento ou pelo prazer. Uma atividade consideravelmente fácil pode criar mais resistência, tornando-se psicologicamente difícil. Um bom exemplo é o concertista que acha fácil tocar piano, mas se atrapalha com a declaração do imposto de renda.

> QUANDO VENCEMOS A RESISTÊNCIA E EXECUTAMOS ALGUMA TAREFA, ELA SE TORNA MAIS FÁCIL.

A resistência é o motivo pelo qual enchemos nossa vida de atividades triviais. Não existe uma lei dizendo que tem de ser assim, mas o fato é que tratar de questões triviais é *mais fácil* do que lidar com assuntos importantes.

Quanto mais fugimos de uma tarefa, mais intensa a resistência a ela – eis aí uma lei. Portanto, sempre que adiamos algo que deveria ser feito, mais difícil se torna a execução. Seria ótimo se, com o adiamento, a resistência diminuísse e nos deixasse em paz por algum tempo, mas não é isso que acontece; ela permanece, com uma nuvem de ansiedade difusa.

Felizmente, o inverso também vale. Quando vencemos a resistência e executamos alguma tarefa, ela se torna mais fácil. Muitas vezes, porém, quando começamos uma tarefa, podemos formar resistência a ela, o que também é motivo de problema. Outra situação possível é nos sentirmos arrebatados por uma atividade, a ponto de deixarmos de lado tudo o mais.

Segundo outra lei, quando a resistência atinge um certo nível, ficamos literalmente incapacitados de realizar determinada tarefa. Esse limite varia de pessoa para pessoa, e a finalidade de vários exercícios deste livro é aumentar o seu limite de resistência. Resistimos a uma tarefa até que o incômodo de não fazer torne-se bastante desagradável. Em outras palavras: até que o sofrimento por não fazer seja mais intenso do que o sofrimento por fazer. As tarefas longamente adiadas podem envolver um nível altíssimo de sofrimento.

Precisamos de um sistema de administração da vida que nos ofereça um método para superar a resistência. Na verdade, este deve ser nosso foco principal, ou a resistência sempre conseguirá nos sabotar, apesar de nossos planos, metas, esperanças e sonhos.

O problema com a quase totalidade dos sistemas de administração do tempo é o fato de não darem suficiente importância à superação da resistência.

O SISTEMA DEVE SER CAPAZ DE ATENDER A TODO TIPO DE TRABALHO QUE APARECER

Seja qual for o sistema de administração da vida adotado, deve ser capaz de atender a toda tarefa que surgir. Com isso quero dizer que não adianta instalar um sistema que atenda com eficiência a correspondência que chega uma vez por dia, mas seja superado pelas mensagens de correio eletrônico que chegam durante todo o dia. Ou que não nos acompanhe quando mudamos de ambiente de trabalho. O sistema deve ser capaz de lidar com todo tipo de eventualidade, de modo que não precise ser *reinventado* inúmeras vezes.

> **Quadro número 1**
> **Método para superação da resistência**
>
> **Sintomas da resistência**
> - Adiamento.
> - Tempo tomado por questões triviais e *trabalho fácil*.
> - Interrupções.
> - Atenção dispersa.
> - Ansiedade difusa.
> - Crises e emergências freqüentes.
> - Recusa a delegar responsabilidades.
>
> **As leis da resistência**
> - A resistência aumenta quando se evita uma tarefa.
> - A resistência diminui quando se age.
> - Quando se chega a um determinado nível de resistência (o limite de resistência), torna-se virtualmente impossível executar a tarefa.
> - Ultrapassado o limite de resistência, só nos dedicamos a uma tarefa quando o sofrimento de não executá-la é mais intenso do que o sofrimento causado por sua execução.
>
> **Como superar a resistência**
> - Aja antes que a resistência se acumule.
> - Fragmente grandes tarefas em pequenas etapas.
> - Intensifique o sofrimento por não agir.
> - Faça a resistência trabalhar a seu favor. Estabeleça rotinas e sistemas para *automatizar* o maior número possível de tarefas.

Bons sistemas são essenciais a um trabalho eficiente. O tempo que se emprega para projetar um sistema é recuperado muitas vezes, sempre que este é utilizado. No entanto, com freqüência, apesar da irritação causada por um sistema ruim ou não existente, deixamos de buscar outro melhor, por preguiça ou falta de tempo. Assim, seguimos mês após mês, ou ano após ano, sem utilizar todo o nosso potencial de trabalho. A situação se mantém até que o incômodo causado pelo sistema falho torne-se mais intenso do que o incômodo causado por seu aperfeiçoamento.

O mesmo se aplica ao sistema de administração do tempo. Este não deve causar aborrecimento, ou viveremos sob um nível contínuo de tensão subjacente que jamais será suficientemente grave para provocar uma ação. Um ponto essencial, quando se trata de um sistema que funcione bem, é que ele nunca chame atenção para si. Se você tiver de pensar antes de agir, é provável que deixe a tarefa de lado e esqueça-se dela.

> SÓ MUDAMOS UM HÁBITO QUANDO ELE PASSA A NOS CAUSAR UM SOFRIMENTO MAIOR DO QUE AQUELE PROVOCADO PELA MUDANÇA.

Outra vantagem de dedicar tempo à elaboração de bons sistemas é que, depois de adotados por algum tempo, tornam-se automáticos – uma espécie de *segunda natureza*. Um bom exemplo é o uso de cinto de segurança nos automóveis. Se você só coloca de vez em quando, o cinto se torna um incômodo, e é cada vez menos utilizado. No entanto, se você insiste em colocá-lo toda vez que entra no carro, o hábito passa a ser uma segunda natureza, e você usa automaticamente. Com as rotinas e os bons sistemas acontece o mesmo. Sua instalação pode exigir tempo e empenho, mas, uma vez em prática, tornam-se automatizados e reduzem significativamente o esforço mental exigido pelo trabalho. Nos capítulos finais deste livro, examinaremos melhor as implicações dessa afirmativa.

Boa parte da dificuldade na administração da vida é causada por maus sistemas e rotinas equivocadas que criam problemas constantes, mas nunca suficientes para nos forçar a alterá-los. Lembremos que, de modo geral, só mudamos alguma coisa quando seu exercício se torna um sofrimento mais intenso do que o sofrimento causado pela mudança. Muitas vezes, o segredo para interromper um mau hábito é aumentar artificialmente o sofrimento. Se você, por exemplo, quer parar de fumar, adapte um antigo remédio a um novo uso, e obrigue-se a tomar um banho frio toda vez que acender um cigarro.

Você não precisa ser tão radical para alterar rotinas simples de trabalho, mas o mesmo princípio pode ser adotado. Tive um problema desse tipo quando fiz um *upgrade* no meu computador, instalando um novo sistema operacional. Segundo o sistema antigo, sempre que eu fechava um programa, a memória utilizada era liberada. Pelo novo sistema, isso não acontecia. Eu insistia em fechar os programas tal como fazia antes, levando assim o computador a travar, já que precisava de cada vez mais memória. Se você não é *expert* em informática, não se preocupe com os detalhes. A questão é que o novo sistema exigia uma ação oposta à que eu estava acostumado. Finalmente, tive a idéia de reiniciar o computador toda vez que cometia o erro de fazer à moda antiga. Assim, obtinha duas vantagens: recuperava a memória que havia perdido e ficava tão entediado com o processo, que passei a tomar mais cuidado para não errar.

Exercício

Identifique um mau hábito de trabalho que você possua. Escolha um bem simples, como deixar de guardar livros e documentos depois de usá-los. Estabeleça um castigo para quando cometer o erro. Pode ser alguma coisa do tipo ir até o local onde vai guardar o material seguindo um caminho alternativo, que envolva alguns lances de escada, por exemplo. Assim, além de tornar-se uma pessoa organizada, você vai manter-se em forma!

Outra característica de bons sistemas e rotinas é que, uma vez estabelecidos, causam considerável resistência quando *não* cumpridos, o que traz implicações importantes para nos manter "na linha". Você lembra que, quando falamos em *seguir o fluxo*, vimos que o rio precisa de margens para promover resistência. De outro modo, não haverá fluxo, e nos veremos estagnados, sem sair do lugar.

A CAPACIDADE DE LIDAR COM INTERRUPÇÕES E EMERGÊNCIAS É ESSENCIAL

Se investirmos tempo e idéias em bons sistemas, encontraremos menos interrupções no trabalho, mas seria demais querer eliminá-las por completo. Já vimos que a programação é especialmente vulnerável a interrupções, o que pode ser uma forma sutil de adiamento, pois é mais fácil lidar com uma interrupção do que com o que deveríamos estar fazendo. O princípio se aplica a crises e emergências. A verificação de defeitos pode ser um bom meio de nos convencermos de nossa determinação e eficiência, sem encararmos as razões para tantos defeitos.

Portanto, nosso sistema deve ser capaz de contornar interrupções e emergências e, ao mesmo tempo, de nos incentivar a tomar medidas que reduzam tais eventos.

RESUMO DA AÇÃO

- A chave do sucesso é atenção
  - suficiente;
  - regular;
  - focada.
- Quanto mais evitamos uma tarefa, mais intensa nossa resistência a ela.
- Quando damos início à execução de uma tarefa, fica mais fácil continuarmos.
- Acabe com maus hábitos tornando-os um sofrimento mais intenso do que sua interrupção.
- Instale bons sistemas para automatizar a vida, de modo que tenha tempo livre para exercer a sua criatividade.

6
Os diferentes tipos de tarefas

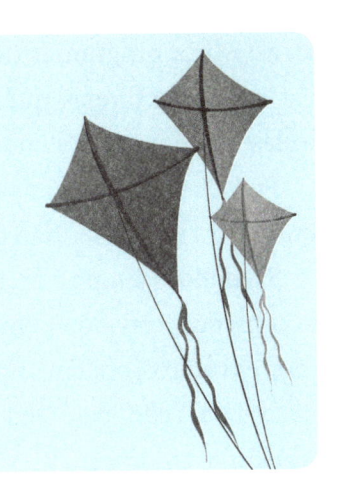

Antes de começar a integrar o que discuti até aqui com um sistema executável, quero abordar neste capítulo os diferentes tipos possíveis de tarefas. Basicamente, as tarefas podem ser classificadas em três tipos, que devem ser trabalhados cada qual à sua maneira. Um dos segredos da administração da vida é conhecer e apreciar as características de todos eles.

Os três tipos são:

- tarefas com prazo para execução;
- tarefas que deveriam ter prazo para execução;
- tarefas sem prazo para execução.

Se quer dispor de mais tempo, cuide primeiro das tarefas com prazo para execução

Muitas tarefas vêm com prazo para execução. Entre elas, incluem-se reuniões, consultas, apresentações, jantares, pegar as crianças na escola, assistir a programas de televisão ou filmes, etc. Existe uma imensa variedade de tarefas que podem ser enquadradas nessa categoria, e todas tendem a apresentar certas características semelhantes.

Primeiro, quase invariavelmente, envolvem outras pessoas. *Por isso* têm prazo para execução. Não fosse assim, não haveria necessidade de prazo.

Segundo, o tempo é decisivo. Ou obedecemos aos prazos ou sofreremos as conseqüências – que, em certos casos, podem ser de pouca importância, mas, em outros, podem ser muito sérias. No entanto, existe uma progressão que vai de "cedo" para "em tempo" e para "tarde". Notamos que as pessoas seguem a tendência de cumprir as tarefas sempre com o mesmo grau de adiantamento ou atraso. Se você tem o hábito de atrasar-se por cinco minutos, provavelmente vai manter esse atraso, seja qual for o grau de importância da tarefa. De modo semelhante, é possível garantir que certas pessoas sempre chegarão cinco minutos antes de qualquer compromisso.

Além de nossa situação na escala cedo/tarde, dependemos dos outros. Se o outro se atrasa, desperdiça o nosso tempo; se nos atrasamos, desperdiçamos o tempo do outro. A dispersão da atenção leva à dependência. E pior: temos razoável controle sobre a hora de início das atividades, mas o horário de encerramento pode fugir completamente ao nosso domínio. Uma reunião pode arrastar-se por muito mais tempo do que esperávamos, um seminário pode acabar tarde, encontro com o chefe pode estender-se mais do que deveria. Não temos como controlar.

Isso leva à característica mais importante dessas situações. Elas geralmente tomam mais do nosso tempo do que percebemos à primeira vista. Uma reunião de meia hora no meio da manhã não parece provocar mais do que um buraco na nossa agenda. Mas se tivermos de gastar 30 minutos em deslocamento na ida e na volta, esperar 10 minutos até que todos cheguem, e a reunião demorar mais 20 minutos do que o programado, serão duas horas da manhã ocupadas, sem contar o tempo de preparação. E se, ainda por cima, dissermos que não adianta começar atividade alguma antes do almoço, teremos uma manhã perdida por causa de uma reunião curtinha.

Portanto, se quer dispor de mais tempo, cuidado com esse tipo de compromisso. Claro que não quero dizer que você se livre de todos os encontros marcados e reuniões, mas assegure-se de obter deles o máximo valor. Se uma reunião exigir três horas da sua atenção, pense: você obteve o equivalente ao valor de três horas? Mais uma vez, precisamos lembrar que a atenção é um recurso valioso e limitado.

Exercício

Calcule quanto tempo gastou em todas as reuniões de que participou na semana passada. Inclua a preparação, o deslocamento e a volta ao trabalho, todo o tempo que poderia ter sido aplicado em outra atividade.

Feito isso, calcule o custo de cada reunião, usando o método sugerido no início deste livro. Se ainda não calculou quanto vale a sua atenção, arbitre um valor agora. Imaginando-se que tenha chegado a um valor de 15 reais por hora, uma reunião de três horas custa 45 reais.

> A ATENÇÃO É UM RECURSO VALIOSO E LIMITADO.

Você se disporia a pagar 45 reais pelo que obteve? Ainda que a resposta seja sim, pense: Você conseguiria o mesmo resultado por menos?

Agora, calcule o custo total de todas as reuniões das quais participou na semana passada. Se você é como a maioria, provavelmente enxergou claramente, pela primeira vez, os efeitos de uma agenda cheia de reuniões. Algumas valeram o que custaram; outras, não, definitivamente. Uma das habilidades mais importantes para a administração da vida é saber distinguir o que vale a pena e o que não vale. E evitar envolver-se com o que se enquadra nesta última categoria.

Estudo de caso – campanhas de doação planejada

Minha experiência no mundo da administração ligada à religião cristã oferece um exemplo claro de como uma avaliação cuidadosa da necessidade de reuniões pode transformar a eficiência do trabalho. Em 1989, recebi a incumbência de cuidar das campanhas de doação planejada da diocese de Chichester, que compreende 150 paróquias nos setores oriental e ocidental do condado de Sussex, na Inglaterra. O objetivo de uma campanha de doação planejada é deixar os membros da congregação a par da situação financeira da igreja e obter deles o compromisso de uma contribuição regular, seja semanal ou mensalmente, por meio de ordem de pagamento ou de um envelope depositado na bandeja de coleta.

Quando assumi a função, o método-padrão utilizado recebia o nome de Campanha de Administração Cristã. Alcançavam-se resultados, mas o processo era muito trabalhoso, envolvendo o responsável em pelo menos oito visitas à paróquia em um período de cerca de seis meses, além do envolvimento dos membros da paróquia. Como estes, na maior parte das vezes, só podiam encontrar-se à noite, as reuniões tinham de ser feitas nesse horário.

Houve muita discussão acerca dos resultados desses encontros. Era voz corrente que as paróquias não conseguiriam cuidar do planejamento, que o responsável pelo processo devia ser bem conhecido, para ser apreciado pelos paroquianos, e que deveria estar presente em todas as reuniões, para que todos tivessem certeza de seu empenho. Para mim, tais razões pareciam mais ligadas às necessidades do administrador do que às necessidades da tarefa.

O que me pareceu ter escapado à observação da maioria das pessoas foi o fato de que era ótimo saber que o administrador fazia seu trabalho adequadamente, mas oito ou mais visitas noturnas a uma paróquia reduziam em muito o número de campanhas em que ele podia envolver-se. Seria razoável supor a possibilidade de três visitas noturnas por semana, no máximo. Usando um cálculo matemático simples, conclui-se que seria impossível a um administrador cuidar de mais de uma campanha a cada três semanas. Levando-se em consideração a ocorrência de feriados, festas religiosas e outros eventos, cada administrador teria um limite de cerca de 14 campanhas por ano.

Sendo o único administrador da diocese, eu não tinha como manter o esquema, ou meu trabalho não provocaria o impacto desejado. Era preciso uma campanha mais simples, que as paróquias fossem capazes de administrar, sem a necessidade da minha presença constante. Se conseguíssemos reduzir para três o número de reuniões noturnas, seria possível cuidar de uma campanha por semana.

A simplificação da campanha permitiu-me transferir a reunião de apresentação para o serviço normal de domingo, em vez de fazê-la em uma noite da semana. Assim, boa parte do potencial público-alvo já estaria na igreja – e eu também – proporcionando economia de tempo. As reuniões noturnas de meio de semana foram reduzidas a três: uma reunião introdutória, em que explicava ao conselho o conceito da campanha, uma de planejamento e outra de treinamento. Eu sempre me colocava à disposição dos paroquianos, caso sentissem necessidade da minha presença. Mas nunca fui solicitado. Todas as dificuldades podiam ser – e eram – resolvidas por telefone.

Como resultado das mudanças, durante o ano de 1993 consegui empreender 48 campanhas, cada uma elevando o nível de doações em cerca de 65%. Em dois anos, tínhamos chegado à quantia de 1 milhão de libras (mais de 3 milhões de reais) anuais. Esse aumento notável de produtividade deveu-se simplesmente ao fato de ter-me perguntado: "A que levam realmente essas reuniões?"

ATIVIDADES PROFUNDAS PRECISAM DE HORÁRIO, OU SERÃO DEIXADAS DE LADO

Eu já disse que um dos problemas da vida moderna é a troca da profundidade pela extensão. Tendemos a envolver-nos em uma quantidade cada vez maior de atividades, cada vez mais superficiais. Séculos atrás, a vida podia ser mais difícil, tanto para ricos como para pobres, mas era vivida mais a fundo. As tradições e a cultura não eram guardadas em museus nem expostas para turistas. Em vez disso, formavam a própria estrutura da vida, proporcionando uma riqueza de experiências e de comunhão desconhecidas hoje em dia.

Não é possível nem seria desejável voltar às experiências do passado. Mas podemos nos envolver mais profundamente com as experiências do presente. Atividades como oração, meditação, anotações em um diário e outras semelhantes podem ajudar a aprofundar a vida. Outras, como o estudo ou o exercício físico, também podem ser executadas regularmente, pois nos afastam do esforço diário de tentar estabelecer prioridades, proporcionando um oásis de calma. Quando nos permitimos isso, o resto do dia costuma transcorrer bem, sem maiores correrias.

> ATIVIDADES COMO ORAÇÃO, MEDITAÇÃO E ANOTAÇÕES EM UM DIÁRIO PODEM AJUDAR A APROFUNDAR A VIDA.

O problema com atividades desse tipo, a que chamo "atividades profundas", é que em geral são as primeiras a serem cortadas quando falta tempo ou disposição. No entanto, é nessas ocasiões que elas são mais necessárias. E, se deixarmos que o hábito se interrompa, serão executadas cada vez mais raramente.

A melhor maneira de garantir esse tipo de atividade regular, diária e recorrente é reservar um horário específico e intocável. Escolha a hora que mais lhe convém. Para muitos, inclusive para mim, o melhor momento é pela manhã, antes de qualquer coisa. Não importa se a sua atividade profunda é rezar, caminhar ou escrever; comece assim que se levantar da cama – antes de trocar de roupa, tomar café ou escovar os dentes – ou as pressões do mundo vão se abater sobre você, que não conseguirá livrar-se delas.

Outro momento propício a atividades profundas é assim que chegar em casa, vindo do trabalho. Mais uma vez, é importante começar antes de envolver-se com o que quer que seja.

Aqui vai uma advertência, porém: é muito difícil manter uma atividade desse tipo. Providencie a melhor estrutura de apoio possível. Uma garantia de fracasso é o excesso de atividades. Se você trabalha em horário integral e decide meditar *e* praticar ioga *e* caminhar *e* aprender uma língua estrangeira, está se programando para não dar certo: em alguns dias ou semanas, não estará fazendo coisa alguma. Quer optar por mais de uma atividade profunda? Introduza uma de cada vez, e só admita a segunda quando a primeira estiver bem estabelecida. Lembre-se: é melhor fazer poucas coisas bem, do que fazer muitas coisas mal.

As atividades profundas são ótimas para nos deixar prontos para administrar nossa vida como queremos. No capítulo final deste livro, vamos examinar melhor algumas delas e discutir como podem nos ajudar.

Exercício

Se você não pratica regularmente uma atividade profunda, por que não se decidir agora? Pode ser alguma coisa nova ou algo que fazia e deixou de fazer. Se precisar de sugestões, procure no capítulo final deste livro. A atividade pode ser qualquer uma, desde que seja praticada diariamente e faça você se sentir bem. Então escolha o melhor horário, que deve ficar reservado na sua programação. Considere a atividade como um encontro consigo, tão importante quanto se fosse com um cliente ou um chefe.

A RELAÇÃO COM AS ATIVIDADES DE FLUXO LIVRE É A CHAVE DA BOA ADMINISTRAÇÃO DO TEMPO

Todas as atividades que não têm horário marcado são chamadas por mim de "atividades de fluxo livre". A analogia que faço é com a água do rio correndo livremente entre as pedras, que representam as atividades diárias com hora marcada.

As atividades de fluxo livre podem ter um prazo para execução no futuro, mas até lá, você tem a possibilidade de escolher o momento de cuidar delas. Suas grandes vantagens são a liberdade e a flexibilidade. No entanto, possibilitam, ao mesmo tempo, o adiamento e a resistência.

Sem a estrutura imposta pelo horário marcado, atividades de fluxo livre são de difícil controle, ainda mais pelo fato de freqüentemente incluírem muitas ações às quais desenvolvemos resistência mais intensa.

Portanto, as atividades de fluxo livre, quando mal administradas, apresentam uma forte tendência a desorganizar nossas vidas. Se controladas, porém, permitem-nos viver de maneira flexível e corajosa, e são capazes de atender às nossas reais necessidades.

> QUANTO MAIS VOCÊ SE OCUPA MENTALMENTE, MENOS NECESSIDADE SENTE DE BUSCAR ATIVIDADES TRIVIAIS.

A boa administração do tempo depende, antes de mais nada, do modo como administramos essas atividades de fluxo livre. No próximo capítulo, vou apresentar algumas técnicas que lhe permitirão controlar imediatamente tais atividades. Não esqueça, porém, o que eu já disse várias vezes: não há como fazer caber um litro de água em um frasco com capacidade para meio litro. Se você não aproveitou os exercícios anteriores para examinar as suas atividades, provavelmente vai conseguir apenas ocupar-se de tarefas triviais com mais eficiência.

Tenha em mente a tendência a nos concentrarmos em questões fáceis e triviais, deixando de lado outras mais importantes. Não é difícil identificar o que acontece. Faça apenas duas perguntas: "Estou me deixando sobrecarregar pelo excesso de trabalho?" e "O trabalho que faço me ocupa mentalmente?" Se a resposta à primeira pergunta for sim e à segunda for não, é sinal de que você provavelmente utiliza o excesso de tarefas como fuga aos desafios. O ideal é que o trabalho o ocupe, mas não o sobrecarregue. Quanto mais você se ocupa mentalmente, menos necessidade sente de buscar atividades triviais. E, mais importante: quanto mais se ocupa, mais fácil entrar no estado de fluxo, em que tudo parece acontecer naturalmente.

John

John é um executivo sênior da área de *marketing* em uma empresa de engenharia de médio porte, casado, com filhos pequenos. Quando me procurou, seu casamento ia mal havia algum tempo. Segundo ele, seus problemas se deviam à extrema pressão que sofria na vida profissional, e, embora recebesse um bom salário, estava cada vez mais insatisfeito. Sentia-se uma verdadeira "máquina de trabalho", e todos os setores de sua vida ressentiam-se disso.

Quando examinamos a organização de seu dia, percebemos claramente que John tinha entrado em um círculo vicioso. A extrema dedicação ao trabalho e o interesse antes genuíno pela profissão desagradavam sua mulher, que se sentia – não sem certa razão – relegada a segundo plano, tal como os filhos. No entanto, em vez de encarar a situação e fazer alguma coisa a respeito, ele preferiu tentar fugir do problema aumentando a carga de trabalho, de modo que sobrasse menos tempo para permanecer no ambiente doméstico, cada vez mais desagradável.

A interrupção do círculo vicioso era de importância vital. Assim, aconselhei John a estabelecer um horário rígido em que daria por encerrado o trabalho e seguiria para casa. Também disse a ele que avaliasse as reuniões em que se envolvia e cortasse as que não fossem absolutamente necessárias. Pedi que buscasse descobrir situações em que telefonemas, videoconferências ou mensagens de correio eletrônico alcançassem o mesmo resultado das reuniões "ao vivo", com economia de tempo. Eu o incentivei ainda a fazer algum tipo de exercício físico antes do trabalho e a dedicar 15 minutos do horário noturno a anotar em um diário os acontecimentos do dia. Assim, sua vida entraria em equilíbrio, e ele se livraria da sensação de que a vida se resume a trabalho.

Mais tarde, John me disse que, apesar da redução do número de horas de trabalho, sua eficiência tinha aumentado. As anotações no diário contribuíram para que tomasse consciência dos sentimentos que nutria em relação a sua mulher, e pela primeira vez conseguiu conversar com ela sobre o assunto. Com a melhora no relacionamento, a vida já não parecia desesperadora. Ele voltou a ter uma atitude positiva diante da profissão e do casamento.

Resumo da ação

- Antes de assumir o compromisso de participar de uma reunião ou de um encontro, pergunte-se: "O valor obtido compensa?"
- Para manter-se em equilíbrio, a vida precisa de atividades profundas.
- As atividades profundas devem ser introduzidas na sua vida, uma de cada vez, desde que as anteriores estejam sob controle.
- Não preencha o seu tempo com "trabalho fácil". Somente quando representa um desafio, o trabalho contribui para o cumprimento de metas.

7

TAREFAS DE FLUXO LIVRE

Neste capítulo, vou apresentar várias técnicas para a execução de tarefas de fluxo livre. Cada uma delas tem seu valor, mas vamos ver também como uni-las em um sistema integrado que preencha todas as condições mencionadas no capítulo anterior. Esse sistema é bom como ponto de partida, como base. Não precisa ser seguido rigidamente, e pode ser que você o aperfeiçoe, depois de melhorar a sua capacidade de organização. Nos meus seminários sobre administração do tempo, sempre digo aos participantes que façam analogia com a configuração padrão de seus computadores, que pode ser alterada de acordo com a preferência do usuário. No próximo capítulo, vamos ver melhor como adaptar o sistema às suas necessidades e ao seu estilo de trabalho.

PARA SUPERAR A RESISTÊNCIA, O SEGREDO É TRABALHAR POR PERÍODOS CURTOS

Antes que você continue a leitura, quero apresentar mais um exercício. Este necessita do seguinte material: um *timer*, lápis ou caneta e algumas folhas de papel, de preferência pautadas.

Exercício

Primeiro, escolha um assunto ou um problema que você vem adiando, embora saiba que precisa resolver. Pode ser uma questão pessoal ou profissional; o importante é que você venha fugindo dela.

Antes de mais nada, leia as instruções até o fim. O objetivo é escrever sobre o assunto escolhido durante cinco minutos, sem parar. Mas "sem parar" mesmo! Não pare para pensar, não releia o que escreveu, não se preocupe com pontuação, ortografia ou gramática. Não deixe a sua mão descansar. Quando se passarem cinco minutos, pare imediatamente.

Ajuste o *timer*. Comece a escrever agora e pare quando o *timer* sinalizar.

Ao terminar, leia o que escreveu e sublinhe o que considerar especialmente importante – uma nova idéia ou uma nova ação. Então, elabore uma lista contendo tudo o que foi sublinhado.

As pessoas, em sua maioria, surpreendem-se com a quantidade de idéias que surgem nesse exercício. Em apenas cinco minutos de escrita em estado de concentração, freqüentemente surgem visões que talvez levassem dias ou semanas para surgir.

A apresentação desse exercício se deve a dois fatores. Primeiro, por se tratar de uma ferramenta útil para despertar idéias sobre qualquer assunto. Acrescente-o ao seu repertório de métodos criativos. Claro que a duração do exercício não precisa ser sempre de cinco minutos – pode ser qualquer uma. O importante é escrever sem parar por um período de tempo predeterminado.

A segunda razão desse exercício é demonstrar quanto se pode conseguir em cinco minutos. Se você pertence à maioria, provavelmente avançou mais em relação ao assunto escolhido do que nas semanas ou nos meses anteriores.

Agora diga: o que teria acontecido se, em vez de dizer *exatamente* cinco minutos, eu dissesse *no mínimo* cinco minutos? Você talvez pense que, com mais tempo, poderia explorar melhor o assunto, mas a experiência costuma mostrar o oposto: o trabalho executado por um período definido de tempo rende muito mais. O horário predeterminado concentra a mente.

Chamo a isso "efeito final". O trabalho mais produtivo é geralmente o do fim do período, em especial quando existe um horário bem definido. Todos conhecemos a "síndrome da tarde de sexta-feira", que leva todo mundo, nos escritórios, a deixar a mesa arrumada para o fim de semana. Pense também no que acontece quando você está para sair de férias. Provavelmente trabalha mais nos dois últimos dias do que nas duas semanas anteriores. Esses são exemplos de efeito final aplicado a períodos longos, de uma semana ou mais. Mas é perfeitamente possível introduzir o efeito final em nossas vidas de maneira mais consistente, por períodos de tempo muito mais curtos. Já vamos ver como fazer isso.

> **O HORÁRIO PREDETERMINADO CONCENTRA A MENTE.**

A conclusão é que, sem o efeito final, nosso trabalho carece de concentração. Ainda que use a hora do almoço para trabalhar ou fique até tarde no escritório, talvez você não esteja produzindo mais do que outro funcionário que cumpre exatamente o horário – pela falta do efeito final.

Esse costuma ser um sério problema enfrentado pelas pessoas que trabalham em casa. Como a vida pessoal e a vida profissional se misturam, fica eliminado o efeito final no decorrer do dia. Como resultado, faltam ao trabalho foco e concentração.

Assim, o exercício de escrita em cinco minutos é um bom exemplo de efeito final em ação. Como a atividade tem um momento definido para terminar, alcança-se em escala reduzida o mesmo resultado produzido pela arrumação da mesa antes das férias.

Mas o exercício ilustra outro princípio importante. Foi de propósito que eu lhe disse para escrever sobre um assunto do qual estivesse fugindo. Em outras palavras: um assunto que lhe provocasse resistência.

Ao terminar o exercício, você provavelmente se perguntou por que vinha resistindo tanto. Na verdade, talvez esteja impaciente para pôr em prática algumas das idéias que teve – ou quem sabe experimentou uma ou outra antes de continuar a ler.

A razão disso é que atacar uma tarefa por um período curto é um meio extremamente eficaz de vencer a resistência a ela. Provavelmente tem razão quem diz que qualquer um pode trabalhar em *qualquer coisa* por cinco minutos. Ainda que você tenha tempo apenas para procurar uma ficha ou descobrir um número de telefone, já é um começo. E depois que se começa, boa parte da resistência desaparece. Nossa inércia natural tanto nos impede de iniciar uma atividade, como de interromper outra iniciada. Superada a resistência que leva à imobilidade, vem a energia. Daí acreditamos que o melhor antídoto para o medo é a ação.

> O MELHOR ANTÍDOTO PARA O MEDO É A AÇÃO.

A interrupção da atividade após um período curto oferece outra vantagem significativa. Como a mente humana sente falta de uma conclusão, você vai ficar com a sensação de que não terminou a tarefa, sentindo então vontade de retomá-la. Se fizer isso depois de um intervalo razoável, vai ver que o seu subconsciente analisou o assunto, amadurecendo mais as idéias do que se tivesse continuado a trabalhar.

Portanto, resumindo: o trabalho por períodos curtos é excelente para superar a resistência a uma tarefa, pois produz um fluxo de atividade concentrada, fazendo com que você deseje retomá-lo.

Exercício

Experimente o seguinte: execute uma tarefa de rotina, como responder à correspondência ou aos *e-mails* recebidos, em períodos de dez minutos. Programe três períodos de dez minutos, com intervalos de poucos minutos entre um e outro. Não se esqueça de parar imediatamente, ao se completar o tempo programado.

Completadas as três sessões de dez minutos cada, compare o que conseguiu fazer com o que teria feito em 30 minutos de trabalho contínuo e sem horário. Você provavelmente vai descobrir que produziu muito mais e que o processo pareceu simplificar-se, reduzindo as pressões e concentrando a atenção.

QUANDO A ENERGIA AUMENTAR, OS PERÍODOS DE TRABALHO PODEM SER AMPLIADOS

Trabalhar por cinco ou dez minutos vem a ser uma estratégia muito eficaz quando se trata de iniciar uma tarefa, mas obviamente seria enlouquecedor transformar a vida em uma sucessão de períodos curtos. Depois de iniciada a tarefa e surgida a energia necessária, o tempo de trabalho pode ser ampliado.

Sugiro que sejam acrescentados cinco minutos de cada vez: períodos de cinco, dez, quinze, vinte minutos e assim por diante. Eu não passaria de quarenta minutos – o tempo máximo pelo qual o ser humano é capaz de trabalhar intensamente, sem perder a concentração. Em todo caso, é relativamente raro alguém alcançar essa marca. Se chegar à conclusão de que precisa dedicar-se mais às tarefas, mantenha os períodos de 40 minutos.

A estratégia pode ser mantida até que se reduza a energia. Isso geralmente acontece depois de um intervalo excepcionalmente longo entre os períodos. Uma boa regra é: quando sentir uma baixa de energia, reduza a duração dos períodos de trabalho (se necessário, volte aos de cinco minutos) e vá novamente aumentando aos poucos.

ROTATIVIDADE SISTEMÁTICA, DE MODO QUE SEJAM COBERTAS TODAS AS ÁREAS DE TRABALHO

Até aqui, falamos em períodos de trabalho que se alongam aos poucos, com um intervalo entre eles. Nada obriga os intervalos a serem limitados a dois minutos; eles podem ser bem mais longos e ocupados por outro tipo de tarefa, no mesmo sistema. Veja este exemplo: trabalhe no projeto A por cinco minutos, e no projeto B por cinco minutos; volte ao projeto A e trabalhe nele por dez minutos; trabalhe no projeto B por dez minutos. Então, trabalhe em cada um deles por quinze minutos, e depois por vinte minutos.

Assim, você terá trabalhado de maneira concentrada por um período total de uma hora e quarenta minutos em duas tarefas diferentes, aproveitando ao máximo o efeito final. Você vai perceber a diferença incrível entre o que conseguiu fazer e o que faria normalmente durante o mesmo período de tempo.

Talvez a sua pergunta seja: "O que acontece se houver uma interrupção? O método fica prejudicado?" A resposta é: "Não!" Simplesmente resolva a questão que fez você interromper o trabalho e retome do ponto em que parou. Se estiver usando um *timer*, por exemplo, é fácil fazê-lo voltar atrás. Ou, se não quiser usar de tanta "ciência", basta calcular aproximadamente o tempo de interrupção.

Exercício

Escolha duas tarefas e aplique o método que descrevi. Cuide de uma de cada vez, aumentando a duração. Escolha as atividades que quiser, mas seria bom não optar por duas muito parecidas, e uma delas deve estar sendo adiada há algum tempo. Assim, você pode alternar entre verificar os *e-mails* e organizar o seu sistema de arquivo, ou entre esboçar um projeto e arrumar o escritório. Escolha o que quiser, mas faça!

Não pare por aí, porém. Aumente a quantidade de tarefas. Freqüentemente faço isso com dez ou mais, e, por incrível que pareça, funciona muito bem, pois muitas são resolvidas em períodos de dez ou mesmo cinco minutos. Assim, a lista se reduz naturalmente, restando apenas as tarefas que exigem mais tempo.

Esse é um modo poderoso de trabalhar, porque a variação renova a mente e acaba com as tarefas pendentes, fazendo com que você deixe de se preocupar com o que *não* faz.

O USO DE LISTAS DE CHECAGEM, EM VEZ DE LISTAS DE ITENS INDIVIDUAIS, PERMITE QUE O TRABALHO SEJA EXECUTADO EM CONTEXTO

Em um dos capítulos anteriores, eu disse que não gosto de listas de tarefas, que considero uma lista de itens fora do contexto, com uma tendência natural à proliferação. A lista de checagem, ao contrário, mostra o que é necessário para que se conclua um projeto ou uma tarefa, e, quanto mais itens contiver, maior a sua eficácia.

Faz sentido, portanto, trabalhar com base em uma série de listas de checagem, em vez de uma lista de tarefas. Primeiro, anote atividades de rotina, que precisam ser executadas diariamente, tais como verificação de *e-mails* e correspondência, telefonemas, arquivamento, contas, etc. Em seguida, acrescente os vários projetos em que se envolve, que você bem sabe quais são. Para quem tem uma empresa, pode ser atendimento ao cliente, prospecção, publicidade, mudança para novas instalações, etc.

Reunindo tudo, a lista poderia ser a seguinte:

e-mail
cartas
telefone
arquivo
contas
atendimento ao cliente
prospecção
publicidade
novas instalações

Para começar, procure manter essa listagem em dez itens, no máximo. Então, percorra um por um, conforme sugeri. Para cada projeto, organize uma lista de checagem. Assim, todos vão receber a devida atenção. No próximo capítulo, falaremos mais sobre a elaboração de listas de checagem.

Os períodos de descanso também podem ter duração predeterminada

Tal como um período curto de trabalho com duração predeterminada pode render mais concentração do que outro de duração indeterminada, um período curto de descanso com duração predeterminada pode ser mais relaxante do que outro mais longo, porém sem horário marcado para acabar. Experimente intercalar o seu trabalho com períodos de descanso de cinco minutos, durante os quais possa fazer o que tiver vontade – tome café, leia jornal, converse com um amigo, tire um cochilo, dê uma volta lá fora ou mesmo aceite um serviço ocasional. O importante é deixar a atenção "viajar" por alguns minutos. Isso facilita a concentração, quando você voltar ao trabalho. Mas lembre-se: volte assim que o *timer* disparar!

> Experimente intercalar o seu trabalho com períodos de descanso de cinco minutos.

A união desses princípios resulta em um sistema poderoso para lidar com atividades de fluxo livre

O que descrevi até agora é a parte central do meu método para lidar com atividades de fluxo livre. Mas vou repetir uma advertência que já fiz: se tentar "entupir" a sua vida, o máximo que vai conseguir é ocupar-se de questões triviais com mais eficiência. No entanto, se você reviu os seus compromissos e é capaz de dedicar atenção suficiente a todos, pode ter certeza de que começou a avançar realmente.

Assim, para recapitular, organize uma lista de atividades de rotina e projetos. Enquanto não dominar o sistema, não permita de maneira alguma que o número de itens passe de dez. Crie uma lista de checagem para cada projeto (isso pode ser feito no primeiro período de cinco minutos). Então, percorra a lista, completando as tarefas, riscando o número correspondente ao período de tempo e anotando a nova duração. Assim:

e-mail	5̶	10
cartas	5	
telefone	5	
arquivo	5	
arrumação	5	
contas	5	
atendimento ao cliente	5	
prospecção	5	
publicidade	5	
novas instalações	5	

Sempre que conseguir completar uma atividade ou, pelo menos, alcançar o ponto desejado, volte à duração inicial. Assim, se resolveu todos os telefonemas pendentes em cinco minutos ou menos, mantenha o 5, e não 10. Veja este exemplo:

e-mail	5̶	10
cartas	5̶	10
telefone	5̶	5
etc.		

Depois de percorrida várias vezes, a lista apresentará durações diferentes para os itens.

Vamos ver como isso funciona na prática.

Primeira Etapa

Você elabora a sua lista e aloca cinco minutos para cada item:

e-mail	5
cartas	5
telefone	5
arquivo	5
arrumação	5
contas	5
atendimento ao cliente	5
prospecção	5
publicidade	5
novas instalações	5

Você percorre a lista, dedicando cinco minutos a cada item. Ao terminar, risca o 5 e tem duas opções: repetir o 5, no caso de o tempo ter sido suficiente para o que pretendia; ou passar para 10, caso a tarefa tenha ficado incompleta. Assim:

e-mail	5	10
cartas	5	5
telefone	5	5
arquivo	5	10
arrumação	5	5
contas	5	10
atendimento ao cliente	5	10
prospecção	5	10
publicidade	5	10
novas instalações	5	10

Nesse exemplo, pouco ou nada havia a fazer sob os títulos "cartas", "telefone" e "arrumação", atividades completadas com sucesso em cinco minutos. Conseqüentemente, você reservou para elas cinco minutos na passada seguinte. Como as outras atividades ficaram incompletas, tiveram dez minutos alocados para sua execução.

Agora, vamos ver o que poderá acontecer:

e-mail	5	~~10~~	5
cartas	5	5	5
telefone	5	5	10
arquivo	5	~~10~~	5
arrumação	5	5	5
contas	5	~~10~~	15
atendimento ao cliente	5	~~10~~	15
prospecção	5	~~10~~	15
publicidade	5	~~10~~	15
novas instalações	5	~~10~~	15

Nesse exemplo, você terminou de ler e responder os seus *e-mails* em dez minutos ou menos. Portanto, na próxima vez, vai voltar ao período de cinco minutos. Como nada de novo aconteceu sob o título "cartas", permanece o tempo de cinco minutos. No caso dos telefonemas, porém, entraram novas mensagens, fazendo com que o período de trabalho fosse aumentado para dez minutos. O arquivamento não precisou de dez minutos, voltando assim para cinco, e a arrumação continuou com a mesma duração, já que não ocupou os cinco minutos que lhe haviam sido reservados. Os cinco itens finais deixaram trabalho pendente; portanto, foram ampliados para 15 minutos.

Sugestões para que o sistema funcione

1. Não faça concessões. Interrompa o trabalho quando se esgotar o tempo. Se continuar a trabalhar, perderá as vantagens do efeito final. Claro

que, se estiver no meio de um telefonema ou de um deslocamento, vai ter de terminar. Mas passe ao próximo item logo que possível.
2. Sempre comece a tarefa seguinte imediatamente, ajustando o *timer* assim que ele sinalizar o fim de uma atividade – senão, vai perder-se nos intervalos e, antes que se dê conta, estes serão mais longos do que os períodos de trabalho.
3. Estabeleça uma meta para cada item. Assim, se um dos seus projetos é escrever um livro, adote o objetivo de rever um capítulo ou escrever determinado número de páginas. Alcançada a meta, adote outra e volte para o período de cinco minutos. Senão, acabará privilegiando uma atividade em detrimento de outras.
4. Não exagere no número de itens da lista. Não existe meio mais rápido de destruir esse sistema do que tentar usá-lo para fazer demais. Adiante, vamos ver como variar o trabalho conforme os dias da semana.
5. Cuide para que os itens da lista cubram todo o seu trabalho, de modo que não haja atividades deslocadas. Tudo o que não couber no sistema será negligenciado.
6. Conceda-se intervalos regulares com duração predeterminada. Uma parada de 5 minutos a cada 30 faz muita diferença no cansaço final. Faça o que quiser durante os intervalos, mas não se esqueça de voltar à atividade exatamente na hora marcada.
7. Nunca faça uma parada ao terminar uma tarefa; sempre comece outra coisa e aí interrompa. Já vimos a razão para isso. É que a mente humana sente falta de completude. Se você fizer o intervalo ao fim de uma atividade, a sua mente vai registrar isso, dificultando a volta ao trabalho. No entanto, se interromper bruscamente, ela vai querer terminar o que começou.

Exercício

1. Faça uma lista de dez assuntos, no máximo. Um bom método é relacionar tudo o que fez nas duas últimas semanas, acrescentando

as atividades pendentes. Depois, separe em grupos. Cuide para que todos os itens estejam contidos em um grupo. Separe ou junte os itens, de modo que seja alcançado o número adequado. Não se preocupe muito com a exatidão; a sua lista de grupos vai ser revista várias vezes.
2. Estabeleça uma meta para hoje em relação a cada item da lista. Pode ser cuidar das tarefas pendentes – verificar e responder todos os *e-mails*, por exemplo; ou alguma coisa mais específica, como escrever cinco páginas do seu livro, preparar o *layout* do boletim informativo do próximo mês ou ler um longo artigo publicado em uma revista.
3. Siga a lista da maneira que já descrevi. Se faz um trabalho solitário, sugiro que utilize um *timer* de cozinha, para cronometrar a duração das atividades. Se trabalha na companhia de outras pessoas, porém, vai precisar de um método mais silencioso. Lembre-se: se quiser obter as vantagens do efeito final, é importante parar assim que terminar o tempo marcado, ou perderá a concentração.
4. No dia seguinte continue de onde parou, criando novas metas, se for preciso, ou recomece do princípio. Em geral, prefiro retomar de onde parei, desde que tenha disposição. Quando interrompo o trabalho à noite e recomeço logo de manhã, tudo vai bem. Mas se uma reunião matutina interrompe meu fluxo de trabalho, prefiro voltar aos períodos de cinco minutos. Descubra o que funciona melhor com você.

Freqüentemente sou consultado acerca do que fazer com a papelada que nos chega às mãos. Como o sistema de alternância envolve trabalhar em todas as atividades ao mesmo tempo, é preciso um pouco de organização.

A solução mais simples é comprar alguns envelopes grandes de plástico – 375 x 250 milímetros, por exemplo. Se você fizer furos nas margens, poderá guardá-los em um classificador. Reserve um envelope para cada assunto, e poderá reunir os seus papéis, de modo que estejam sempre à mão. Outro método, que exige um pouco mais de espaço, é ter uma série de bandejas empilháveis, uma para cada assunto. Qualquer que seja a solução adotada, é importante não deixar que os documentos se acumulem nem sejam esquecidos.

Vamos ver como o método que acabei de descrever se encaixa nos critérios para um sistema bem-sucedido, de que tratamos no capítulo anterior.

Atenção suficiente, regular e focada

A alternância de rotinas e projetos de trabalho assegura atenção adequada a todas as nossas tarefas, *desde que* só tenhamos aceito aquelas para as quais temos tempo. O sistema também cria o efeito final, que garante o foco.

Resistência e adiamento

Como trabalhamos em períodos curtos, cuja duração aumenta, produzindo energia, é fácil superar a resistência.

Um sistema para lidar com todo tipo de trabalho

O método nos estimula a lidar metodicamente com todas as situações. O uso de listas de checagem garante que nada fique de fora.

Superando interrupções e emergências

Quando ocorrem interrupções ou emergências, simplesmente tratamos delas e voltamos ao ponto em que estávamos. De maneira semelhante, o sistema é excelente para preencher intervalos de poucos minutos, antes desperdiçados por serem considerados muito curtos para que se iniciasse qualquer atividade.

Assim, ao construirmos um sistema simples com base nos princípios discutidos neste capítulo, podemos alcançar tudo o que queremos. É importante, porém, ajustá-lo às nossas preferências e ao nosso modo de trabalhar. No próximo capítulo, veremos várias alternativas que você pode adotar, para criar um sistema próprio.

Pontos de ação

- Inicialmente, trabalhe em períodos curtos, para superar a resistência.
- Lembre-se: o melhor antídoto para o medo é a ação.
- Trabalhe por períodos de tempo predeterminados. Assim, aproveitará o efeito final.
- A sua mente procura a completude. Portanto, a interrupção de uma atividade em horário predeterminado facilita a retomada.
- Descanse por períodos curtos predeterminados, nos quais a sua atenção deve ficar livre.
- Para resolver problemas, escreva sobre eles por um período predeterminado tudo o que lhe vier à cabeça.
- Conforme for vencendo a resistência, amplie o período de trabalho.
- Divida o seu trabalho em projetos e categorias, e alterne sistematicamente todos eles.
- Use uma lista de checagem para cada projeto.
- Organize os seus papéis, guardando-os em sacos plásticos arrumados em um classificador.

Intervalo – Um domingo de lazer

Com a utilização do método de alternância, é possível realizar uma quantidade incrível de tarefas em um só dia, desde que se continue sempre, com ou sem interrupções. Ao organizar o meu primeiro seminário sobre administração do tempo, anotei tudo o que fiz durante um dia e usei como material de propaganda. Veja uma cópia do *e-mail* que mandei a todos que faziam parte da minha lista de mala direta.

Assunto: **Um domingo de lazer**
De: **MarkForster@aol.com**

Veja o que fiz ontem usando meu sistema de administração do tempo:

- organizei meu administrador de informações pessoais, o *Personal Information Manager*. Nada ficou pendente;
- arrumei minha coleção de fitas de áudio;
- escrevi 30 cartas à mão;
- revi e imprimi a minha agenda para este ano, que enviei por fax à minha secretária;
- dediquei 45 minutos à revisão e impressão da sinopse do livro *Coaching Book*;
- aprendi 20 palavras em francês;
- revi 200 palavras dos vocabulários francês, espanhol, grego e chinês;
- lavei a louça duas vezes;
- cuidei de todos os *e-mails* pendentes, sem exceção;

- arrumei minha mesa;
- cuidei de todas as mensagens de *voice-mail*, sem exceção;
- cuidei de toda a papelada pendente, sem exceção;
- comecei uma boa arrumação no meu escritório;
- assisti a *Vanity Fair* na televisão.

Ah, e fiz duas apresentações, uma pela manhã e outra à tarde... o que me deixou fora de casa por oito horas.

Se você quer trabalhar sem resistência ou adiamentos, sentindo-se no total controle do seu trabalho, sem estresse nem aflição, inscreva-se no meu seminário sobre administração do tempo.

Com os melhores votos de
Mark

8

VARIAÇÕES SOBRE O SISTEMA

O sistema abordado no capítulo anterior é só um modo, entre muitos, de alcançar resultados por meio dos princípios mencionados. Conforme eu disse, ao descrever o sistema, você deve considerar os detalhes como a instalação padrão de um programa de computador, a ser ajustada de acordo com as preferências do usuário.

Neste capítulo, vou apresentar algumas possibilidades de ajustes, indicando suas vantagens e desvantagens. Recomendo que você experimente várias, até encontrar a melhor. É importante, porém, lembrar que tais métodos possuem um efeito de treinamento, e vão melhorar a sua capacidade de superar a resistência e de trabalhar com mais concentração. Como resultado, talvez você descubra que aperfeiçoou o sistema original e já é capaz de iniciar a realização de tarefas que julgava difíceis.

Eu mesmo utilizei todas as variações apresentadas neste capítulo, e descobri que me sinto melhor com períodos de trabalho mais longos e uma quantidade menor de tarefas a cada vez. Você pode concordar ou não. O importante é escolher um sistema que esteja de acordo com o seu nível de habilidade.

Primeira variação: ao completar uma tarefa, experimente reduzir gradualmente o período de trabalho dedicado a ela

No exemplo de sistema apresentado no capítulo anterior, recomendei que, ao conseguir completar o que desejava em determinado período de tempo, você voltasse ao período de cinco minutos. Assim:

e-mail   ~~5~~   ~~10~~   ~~15~~   ~~20~~   5

No exemplo, tendo conseguido cuidar de todos os *e-mails* em 20 minutos, você retorna ao período de cinco minutos.

Uma alternativa é, em vez de reduzir o período de trabalho *para* cinco minutos, reduzi-lo *em* cinco minutos. Assim:

e-mail   ~~5~~   ~~10~~   ~~15~~   ~~20~~   15

Portanto, toda vez que você não conclui uma tarefa dentro do período de tempo predeterminado, *aumenta* esse período em cinco minutos, e toda vez que termina a tarefa (ou não tem o que fazer), *reduz* o período em cinco minutos.

A vantagem desse sistema é dar naturalmente a cada item uma duração adequada. Uma tarefa trabalhosa, como cuidar dos *e-mails* ou escrever um livro, vai cair em períodos longos, enquanto outras mais simples, como arrumar a mesa de trabalho, provavelmente vão caber em cinco ou dez minutos. A estratégia pode funcionar, desde que você tenha desenvolvido a habilidade de superar a resistência, eliminando a necessidade de recomeçar uma nova série de períodos de cinco minutos.

Uma variação é, em lugar de reduzir o período de trabalho em cinco minutos, manter a mesma duração mais uma vez e, só na ocasião seguinte, reduzir. Assim:

e-mail   ~~5~~   ~~10~~   ~~15~~   ~~20~~   20

Se, pela segunda vez, o trabalho couber nos 20 minutos, o período de trabalho será reduzido para 15 minutos na próxima ocasião.

Essa variação tem o efeito de refletir com mais precisão o tempo dedicado a cada tarefa. É verdade que a duração não será a mesma todos os dias, mas o método evita mudanças precipitadas. Ao mesmo tempo, você terá à disposição um instrumento muito flexível.

Segunda variação: experimente alterar a duração do período de trabalho, até encontrar o que melhor lhe convenha

Você pode experimentar até encontrar o período de trabalho que melhor lhe convenha. Recomendo séries de 5, 10, 15, 20, etc. porque acredito ser esta a melhor maneira de incentivar os que têm dificuldade em começar a agir. Quase sempre sua resistência a determinadas tarefas torna-se tão reduzida que eles começam a considerar muito lenta a progressão das séries. Quando é esse o caso, aconselho que experimentem maneiras diferentes de alterar os períodos de trabalho, seja apenas dobrando a duração (5, 10, 20, 40) ou começando a série a partir de 10 (10, 20, 40).

> Pessoas diferentes têm preferências diferentes, não tenha medo de experimentar.

Pessoas diferentes têm preferências diferentes, que mudam com o tempo. Portanto, não tenha medo de experimentar.

Terceira variação: experimente trabalhar com um número pequeno de tarefas

Outro método aprovado por muitos é trabalhar com um número

pequeno de tarefas de cada vez. Comece com duas, e vá acrescentando um item a cada passada.

Veja este exemplo:

e-mail	5
cartas	5

Cumprido o período de trabalho de cinco minutos nos dois itens, outro pode ser acrescentado. Assim:

e-mail	5	10
cartas	5	10
telefone	5	

Depois de trabalhada por algum tempo, a lista pode estar assim:

e-mail	5	10	15	20	25
~~cartas~~	~~5~~	~~10~~			
~~telefone~~		~~5~~	~~10~~		
arquivo			5	~~10~~	15
~~arrumação~~				~~5~~	
contas					
atendimento ao cliente					
prospecção					
publicidade					
novas instalações					
cartas					
telefone					
arrumação					

Neste exemplo, cada vez que uma tarefa é realizada, vai para o fim da lista, criando assim rotatividade.

A vantagem desse método é que você trabalha em poucas tarefas de cada vez, e logo termina o que começa. A principal desvantagem é que você perde a noção de progresso. Portanto, trata-se de mais um método que funciona melhor para quem já tem alguma ordem na vida.

Quarta variação: experimente adotar uma duração padrão

Depois de adquirir um tanto de experiência na utilização desses métodos, caso você sinta que não precisa mais ampliar os períodos de trabalho para criar energia, adote a mesma duração em todas as atividades. Quando uso esse método, prefiro períodos de 20 minutos, mas sugiro que você experimente até encontrar a duração que melhor lhe convier – sem esquecer, é claro, que esta pode mudar.

Quinta variação: experimente dividir igualmente o tempo total

Um método que uso às vezes, com ótimo resultado, e que você pode experimentar, é tomar um período fixo de tempo e dividir pelo número de tarefas a cumprir. Se tiver uma lista de 20 itens, pode começar destinando 5 minutos a cada um, o que totaliza 100 minutos. Caso conclua 5 tarefas, sobram 15 para a próxima passada, que podem receber 7 minutos cada (100 minutos divididos por 15, arredondando para cima). Quando chegar a três tarefas, poderá alocar 33 minutos para cada uma, e assim por diante.

Tenho adotado esse método com sucesso quando tenho muitas tarefas a cumprir. Na verdade, trata-se provavelmente do melhor método para processar um grande volume de trabalho. Mas é essencial prosseguir até atingir a meta estabelecida para cada item. O resultado é que as pequenas tarefas são executadas rapidamente, enquanto as grandes tarefas recebem mais atenção.

O método tem a vantagem de dar a cada passada o máximo de tempo. Um dos problemas da lista com rotatividade é que, quando há muito trabalho, você demora a voltar a cada item, em especial se houver tarefas em atraso. Passadas mais longas ajudam a evitar isso. Quando o problema persiste, a razão provável é o excesso de tarefas. A solução é reduzir o número de compromissos, conforme foi aconselhado nos capítulos anteriores. O décimo capítulo, que trata da estruturação do trabalho, também vai ser útil, pois vamos ver como organizar as tarefas, de modo que você não tenha de lidar com muitos itens ao mesmo tempo.

A história de Terence

Terence assistiu a um dos meus seminários de início de dezembro, e depois escreveu:

Faz cinco dias que tomei conhecimento do sistema desenvolvido por Mark para administração do tempo. Atendendo a sua sugestão, fiz adaptações que sirvam ao meu modo de trabalhar. Eis o que consegui, além do que faria de qualquer jeito!

1. Esvaziei a gaveta da minha mesa de trabalho e guardei papéis importantes (pela primeira vez!);
2. Comecei a pôr meus impostos em dia (devo terminar na próxima sexta-feira);
3. Arrumei o sótão;
4. Escrevi várias páginas de um seriado e um conto (fazia quase um ano que não escrevia!);
5. Fiz as compras de Natal (nunca consegui isso antes do dia 23);
6. Dei entrada nos *e-mails* (e comecei a ler as novas mensagens, em vez de apenas arquivar para ler mais tarde);

7. Fiz o teste e fui aprovado, sendo promovido à seção seguinte do meu curso de *commodities*;
8. Cumpri minha programação, que incluía dar uma entrevista, atender a três novos clientes de *coaching* e colocar voz em pequenos filmes;
9. Comecei a enviar cartões de Natal (minha mulher custou a acreditar!);
10. Passei bastante tempo com as crianças, e até compareci ao concerto de Natal do meu filho;
11. Assisti aos jogos de futebol transmitidos pela televisão (enquanto passava a roupa!);
12. Fui ao cinema duas vezes e saí para jantar com minha mulher.

Não estou cansado nem estressado, embora em ligeiro estado de choque!

E EU, MARK, QUE MÉTODO UTILIZO AFINAL?

Depende de como me sinto e do nível de resistência que enfrento. É importante notar que nossa disposição não é sempre a mesma, e devemos adaptar o método às condições do momento.

Quando estou ótimo, não costumo utilizar nenhum dos métodos descritos até aqui. Prefiro recorrer às idéias apresentadas na seção "Além das técnicas". Embora este seja um modo de vida natural para alguns, para mim não é, com certeza. Assim, quando não estou nos meus melhores momentos, sinto necessidade de algumas das técnicas que discutimos até aqui.

O método que utilizo com mais freqüência (e que estou usando agora, enquanto escrevo) é o que descrevi na parte final da primeira variação.

Quando, porém, me sinto um pouco mais confiante, prefiro adotar o período padrão de trabalho de vinte minutos para cinco tarefas ao mesmo tempo, substituindo as que forem concluídas.

PONTOS DE AÇÃO

- Experimente vários métodos até encontrar o que melhor se adapta a você.
- Reconheça que, quanto mais você utiliza esses métodos, melhor consegue lidar com a resistência.
- Cada circunstância e cada estado de espírito exigem métodos diferentes.
- Se esses métodos não funcionarem, pode ser pelo fato de você tentar assumir uma quantidade excessiva de tarefas. A solução é reduzir!

Intervalo – Como foi o seu dia?

Eis outro exemplo de *e-mail* que usei para anunciar um dos meus seminários de administração do tempo.

Ontem, extraordinariamente, não havia compromisso algum anotado na minha agenda. Então, resolvi verificar o que conseguia realizar durante um dia, usando minhas técnicas de administração do tempo.
Veja o que fiz, hora a hora.

8h – 9h
Envelopei, para enviar, material de propaganda.
Redigi e enviei publicidade do meu seminário para a lista de mala direta.
Redigi o texto para o informativo a ser enviado a minha *down-line* de *marketing* de rede.
Fiz a cama.
Arrumei o escritório.
Verifiquei mensagens de *voice-mail*.

9h – 10h
Aparei a cerca viva.
Preparei transparências de retroprojetor para a apresentação da próxima terça-feira.
Estudei a anatomia da articulação do ombro.
Li o resumo das notícias em francês no *site* Liberation.com.
Revi 53 itens do vocabulário de língua estrangeira, etc.
Lavei a louça do café-da-manhã.

10h – 11h
Verifiquei os *e-mails*.
Separei os papéis para tomar providências.
Telefonei à secretária a respeito da falta de ilustrações para o folheto.
Removi da lista os endereços que não existem mais.
Selecionei informações para a publicação do livro.
Enviei *e-mail* para o meu editor.

11h – 12h
Preparei a editoração eletrônica do meu folheto sobre o esquema de taxas de impacto ambiental.
Recebi da secretária, por fax, ilustrações para o folheto – ainda faltam algumas!
Telefonei outra vez para a secretária.
Acabei de preparar pacote de publicidade para enviar por mala direta.
Finalmente chegaram as ilustrações que faltavam!
Telefonei para a Kingston Chamber of Commerce, a respeito do seminário.
Fiz a lista dos endereços eletrônicos dos participantes dos seminários anteriores.

12h – 13h
Recebi telefonema da minha mulher a respeito de um negócio oferecido pelo Royal Automobile Club – meu pai ainda é sócio?
Concluí o texto para o informativo sobre *marketing* de rede.
Almoço.

13h – 14h
O almoço continua!
Arrumei o escritório.
Verifiquei mensagens de *voice mail*.
Estudei a anatomia do braço.
Fiz uma lista das palavras em francês que eu não conhecia, encontradas no informativo francês.

14h – 15h
Preparei detalhes biográficos para transmitir ao editor.
Preparei pontos-de-venda do livro.
Escrevi um sumário do livro.
Recebi telefonema de Judy C.
Arrumei papéis pessoais.
Arrumei papéis ligados ao *coaching*.
Revi 104 itens de vocabulário de língua estrangeira, etc.

15h – 16h
Lavei a louça do almoço.
Verifiquei *e-mails* – chegaram três respostas à mala direta sobre o seminário.
Verifiquei o folheto da campanha – enviei as correções por fax à secretária.
Paguei a fatura das fotocópias.
Arrumei os disquetes.
Aprovei o novo papel de carta.
Telefonema da Kingston Chamber of Commerce – datas arranjadas.
Li o resumo do relatório anual da Church Commissioners.

16h – 17h
Pausa para o chá!

17h – 18h
A pausa para o chá continua!
Detalhes pessoais para o editor.

18h – 19h
Preparei ilustrações para o folheto sobre a taxa de impacto ambiental.
Enviei *e-mails* a participantes do seminário a respeito de estudos de caso para o livro.
Jantar.

19h – 20h
Lavei a louça do jantar.
Fiz a editoração eletrônica do informativo sobre *marketing* de rede.
Arrumei o escritório.
Aprendi 60 palavras em francês.

20h – 21h
Concluí detalhes da publicidade e descrição do livro.
Conferi o extrato do cartão de crédito – paguei.
Li todo o material de publicidade sobre *marketing* de rede.
Acabei de definir os pontos-de-venda do livro.
Revi 133 itens de vocabulário de língua estrangeira, etc.
Assisti à televisão.

21h em diante
Verifiquei e respondi *e-mails*.
Preparei folhetos sobre o seminário para enviar pelo correio.
Assisti à televisão.
Escrevi este resumo do dia.
Enviei.
Fui dormir!

Se o seu dia não correu tão bem quanto esse, você precisa participar do meu seminário sobre administração do tempo. Envie-me um *e-mail*, para conhecer mais detalhes.

Com os melhores votos de
Mark

Mark Forster
MarkForster@aol.com

9

Cuidando de projetos

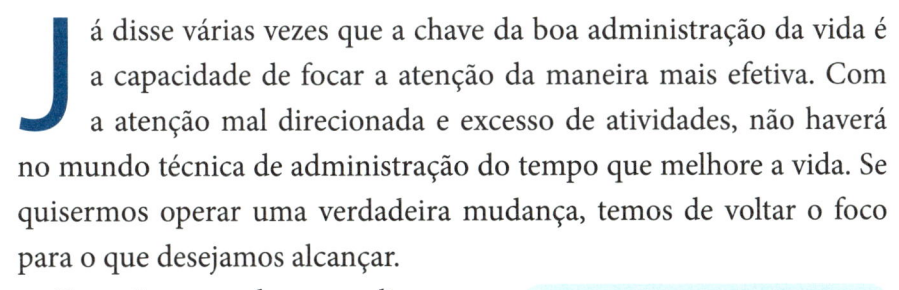

Já disse várias vezes que a chave da boa administração da vida é a capacidade de focar a atenção da maneira mais efetiva. Com a atenção mal direcionada e excesso de atividades, não haverá no mundo técnica de administração do tempo que melhore a vida. Se quisermos operar uma verdadeira mudança, temos de voltar o foco para o que desejamos alcançar.

Este não pretende ser um livro sobre gestão de projetos ou criatividade. No entanto, como a ausência desses dois fatores inviabiliza as técnicas de administração do tempo, quero dar algumas sugestões àqueles que encontram dificuldade com algum deles ou com ambos. Quanto melhor você analisar um projeto ou um problema, mais possibilidade terá de cuidar dele efetivamente.

> PARA OPERAR UMA VERDADEIRA MUDANÇA, TEMOS DE VOLTAR O FOCO PARA O QUE DESEJAMOS ALCANÇAR.

As técnicas que vou descrever possuem uma base comum: são métodos que observam os detalhes, para focar o todo. A primeira é uma ferramenta muito versátil chamada *divisão pela metade*.

A DIVISÃO PELA METADE É UMA TÉCNICA PODEROSA PARA TOCAR PROJETOS

Já falei sobre as vantagens de elaborar uma lista de checagem para um projeto específico. Quanto mais completa, mais eficiente.

Esta é uma abordagem diferente: uma lista de checagem que cuida de uma etapa de cada vez. Chamo de *divisão pela metade* porque consiste em pegar tudo o que há a fazer e dividir ao meio, ao meio de novo, e assim por diante, até que sobre apenas uma tarefa – que será executada.

Com um exemplo, dá para entender melhor. Digamos que você tenha decidido abrir uma firma dedicada a *marketing* de rede, e uma empresa de produtos de nutrição tenha contratado os seus serviços. É importante que os negócios caminhem o mais depressa possível, e você quer adotar uma abordagem eficaz. São tantas as providências a tomar nesse estágio inicial que todo o projeto parece um pouco assustador. Então, você decide adotar o método de *divisão pela metade*, para trabalhar metodicamente.

A primeira etapa é encontrar uma categoria que descreva cerca da metade do que precisa ser feito. Repare que não precisa ser exatamente a metade. A idéia é encontrar um meio de dividir o trabalho em duas porções de bom tamanho. No exemplo, suponha que você conclua pela necessidade de se familiarizar com a empresa. Então, escreva como primeiro título "Familiarização com a empresa".

Em seguida, repita o processo: encontre alguma coisa que represente mais ou menos a metade do que tem a fazer. Digamos que "Familiarização com o produto" seja adequado. A metade, então, compreenderia a leitura de folhetos com a descrição do produto. Portanto, "Leitura de folhetos" seria o título seguinte. A tarefa ainda poderia ser dividida, mas digamos que você leia os folhetos.

Assim, cada título representa aproximadamente a metade do anterior, e a lista ficaria assim:

Marketing de rede
Familiarização com a empresa
Familiarização com o produto
Leitura de folhetos sobre o produto

Lembre que essa é uma lista de checagem para ser acionada *agora*. Se fosse para o período de uma semana ou um mês, a lista seria bem diferente.

Ao terminar de ler os folhetos, risque o item correspondente.

Marketing de rede
Familiarização com a empresa
Familiarização com o produto
~~Leitura de folhetos sobre o produto~~

O título *ativo* é sempre o último da lista que não foi riscado. Assim, voltamos a "Familiarização com o produto". Pense no que precisa ser feito sob esse título. Digamos que resolva experimentar alguns produtos. Então, acrescente ao final da lista "Encomenda de produtos".

Marketing de rede
Familiarização com a empresa
Familiarização com o produto
~~Leitura de folhetos sobre o produto~~
Encomenda de Produtos

Você poderia dividir essa tarefa, mas digamos que queira fazer a encomenda. Nesse caso, risque o item.

Marketing de rede
Familiarização com a empresa
Familiarização com o produto

~~Leitura de folhetos sobre o produto~~
~~Encomenda de produtos~~

Você decide que, por enquanto, nada mais há a fazer sob o título "Familiarização com o produto". Então, risque o item. Assim, o título *ativo* passa a ser "Familiarização com a empresa".

Marketing de rede
Familiarização com a empresa
~~Familiarização com o produto~~
~~Leitura de folhetos sobre o produto~~
~~Encomenda de produtos~~

O que fazer em seguida com o item "Familiarização com a empresa"? Digamos que seja estudar o plano de compensação (o sistema segundo o qual você vai receber comissões).

Marketing de rede
Familiarização com a empresa
~~Familiarização com o produto~~
~~Leitura de folhetos sobre o produto~~
~~Encomenda de produtos~~
Plano de compensação

Vamos deixar o exemplo assim. Você provavelmente já pegou a idéia. Repare que o sistema lhe permite fracionar as ações até ficarem tão pequenas quanto você deseja (ou precisa) que sejam, levando ao exame de todos os aspectos do projeto, sendo uma etapa de cada vez. Em geral, é interessante chegar a um ponto em que você execute a tarefa com o mínimo de resistência.

Esse sistema pode ser utilizado de inúmeras maneiras diferentes. O exemplo que dei cria uma lista de ações *para já*. Mas existe a possibilidade de criar uma lista de ações *futuras*, tal como o planejamento total de um projeto, de modo que sejam cobertos todos os estágios. Nesse caso, você não agiria imediatamente em relação a cada item, mas desenvolveria uma estrutura hierárquica. Para isso, inicie cada linha com espaço, a partir da margem esquerda. Esses ajustes podem, mais tarde, tornar-se títulos, se você precisar descrever minuciosamente o plano. Veja como fica o exemplo anterior, em formato alinhado:

Marketing de rede
    Familiarização com a empresa
        Familiarização com o produto
            Leitura de folhetos sobre o produto
        Encomenda de produtos
    Plano de compensação

Esse método pode ser utilizado não apenas para planejamento, mas como base de relatórios, resumos de livros – na verdade, qualquer coisa que se preste a uma estrutura hierárquica.

A DIVISÃO AO MEIO TAMBÉM PODE SER UTILIZADA PARA SEPARAR OBJETOS

A divisão ao meio não serve apenas para idéias ou ações. Pode também ser utilizada com sucesso para organizar documentos, livros ou mesmo arrumar o quarto de ferramentas, o porão ou o sótão.

Recentemente empreguei esse método para organizar meus arquivos. Primeiro, esvaziei todas as pastas, fazendo uma pilha enorme no chão. Então, comecei a verificar os papéis, separando-os em duas pilhas. A da esquerda foi classificada como "Trabalho". A outra, sem classificação alguma, recebeu todo e qualquer papel que não se enquadrasse em "Trabalho". Se preferir, chame de "Tudo o mais".

Terminada a separação, eu tinha duas pilhas aproximadamente do mesmo tamanho.

Então, peguei a pilha "Trabalho" e dividi em duas – uma para minhas atribuições na igreja e outra para o resto. Para não confundir a nova "Tudo o mais" com a "Tudo o mais" anterior, deixei as duas um pouco afastadas. Quando as pilhas são pequenas, e quero arrumar uma em cima da outra, uso um pedaço de papel colorido entre elas, como marcador.

Fui repetindo o processo, e obtive assim pilhas cada vez menores, até que cheguei a um único papel, que tive de decidir se ia arquivar ou jogar fora. Como decidi arquivar, abri uma pasta nova. Fiz o mesmo com todas as pilhas, abrindo uma pasta nova sempre que achava necessário.

Com esse método, a estrutura do arquivo se forma automaticamente. Os papéis se agrupam no contexto, o que facilita a identificação dos que estão em duplicata, desnecessários ou ultrapassados.

Se estivéssemos organizando os papéis ligados ao exemplo anterior, da firma de *marketing* de rede, poderíamos acabar com as seguintes pastas:

Marketing de rede / Familiarização / Produtos / Folhetos
Marketing de rede / Familiarização / Produtos / Encomendas
Marketing de rede / Familiarização / Plano de compensação

Com as pastas arrumadas desse jeito, os papéis estarão em ordem lógica, fazendo com que sejam encontrados com facilidade.

Meu projeto seguinte foi arrumar os livros nas estantes. Outra vez, fiz uma pilha enorme, que dividi em "Não-ficção" e "Tudo o mais". Assim, fui subdividindo. Toda vez que chegava a um só livro, colocava na prateleira. Graças à ordem lógica proporcionada pela *divisão ao meio*, consigo encontrar qualquer livro, bastando para isso pensar em que ponto da estrutura ele se encontra.

A *divisão ao meio* é um recurso muito versátil. Você, com certeza, encontrará novas utilidades para ela.

Andrew

Andrew me procurou com um problema que é familiar a muitos de nós. Ele não entendia por que deveria pagar uma alta soma a um contador para preparar sua declaração de Imposto de Renda, já que se sentia perfeitamente capaz de fazer tudo sozinho. No entanto, todo ano era a mesma coisa: ele detestava tanto a tarefa que acabava se atrasando e perdendo o prazo para entrega. E, com a introdução de penalidades, a situação estava ficando séria.

Depois que o apresentei à técnica da *divisão ao meio*, ele percebeu estar diante do método ideal para enfrentar a declaração do Imposto de Renda. Naquele ano, pela primeira vez, fez tudo a tempo e com o mínimo de estresse. "Usei o método da divisão ao meio para transformar minha declaração de Imposto de Renda, que era uma chateação anual, em um conjunto completamente administrável de tarefas e decisões simples."

TRABALHAR PELA EMPRESA É TÃO IMPORTANTE QUANTO TRABALHAR PARA A EMPRESA

Existe uma distinção importante entre trabalhar *pela* empresa e trabalhar *para a* empresa. (Não quero saber se você trabalha por conta própria ou recebe salário, nem se o seu trabalho é remunerado ou não.) A distinção é sempre importante.

Trabalhar *para a* empresa é tratar dos numerosos detalhes do dia-a-dia, que surgem simplesmente porque fazem parte dos negócios. Aí se incluem tarefas como atendimento ao cliente, fabricação do produto, contabilidade, gestão de pessoas – em outras palavras: *fazer* o que é preciso.

Trabalhar *pela* empresa é mais uma questão de *pensar* os negócios. É ver para onde caminham, aprimorar a visão, estabelecer metas, inventar novas iniciativas, planejar.

Com freqüência, o problema é que ficamos tão envolvidos pelos detalhes do trabalho *para a* empresa, que raramente nos sobra tempo para trabalharmos *pela* empresa. E ambas as situações são essenciais para o sucesso. É óbvio que de nada adianta pensar e não agir. Trabalhar sem pensar no rumo que tomam os negócios também não é de grande ajuda, mas talvez isso não seja tão óbvio. A falta desse tipo de visão estratégica é uma causa importante do insucesso. É a razão pela qual muita gente se prende a empregos sem futuro, empresas não crescem, e a estagnação se instala.

> UM BOM PENSAMENTO NÃO VEM SOZINHO: PRECISA ESTAR INTEGRADO À VIDA REAL.

Assim, é essencial incluir em nossas vidas tempo para pensar. E nós, seres humanos, não somos muito bons nisso, pois pensar é uma atividade que exige dedicação. Raramente arranjamos tempo para parar e pensar. A própria expressão "arranjar tempo" demonstra que a consideramos uma atividade extra, em relação ao "trabalho de verdade". É preciso pensar regularmente. Um bom pensamento não vem sozinho: precisa estar integrado à vida real. O processo deve ser PENSE → AJA → PENSE → AJA, e assim por diante, se quisermos ter progresso.

Já disse várias vezes neste livro que uma boa administração da vida não se resume ao processamento de tarefas nem à eficiência no trabalho. Uma boa administração da vida inclui direcionar a atenção da maneira mais efetiva possível. E o tempo que se passa pensando é uma das partes essenciais do direcionamento da atenção.

Eu também já disse que este não é um livro sobre criatividade. Se você quiser explorar técnicas para enfrentar desafios e problemas, existem muitos livros para isso. Na minha opinião, o mais importante não é se você vai usar esta ou aquela técnica. O que importa é se você vai usar uma técnica e com que regularidade.

Exercício

Eis aqui uma técnica simples – na verdade, seria difícil encontrar outra mais simples – que você pode utilizar como prática regular de reflexão.

Estabeleça um horário e sente-se, com lápis e papel. Cuide para que não haja distrações. Acalme a mente, acomode-se e relaxe. Tudo o que tem a fazer é anotar as idéias que lhe vierem à cabeça. Não se preocupe se, por alguns momentos, nada lhe ocorrer.

Decorrido o período estabelecido, dedique alguns minutos para avaliar o que escreveu. Destaque tudo o que precisar de ação.

A freqüência do exercício e o tempo gasto são variáveis. Uma hora, uma vez por semana, pode render ótimos dividendos. Quinze minutos por dia podem manter ativo o seu fluxo de idéias. Lembre que pouco tempo de reflexão é melhor do que nenhum.

Qualquer que seja o período estabelecido, é importante não desistir antes do fim, pois freqüentemente as melhores idéias nos chegam quando o tempo está quase se esgotando – outro exemplo do efeito final em ação. Comigo costuma acontecer assim: quando meu fluxo inicial de idéias parece secar, recebo um novo sopro, este com idéias melhores e mais originais.

Outra maneira de trabalhar em um projeto é usar a técnica de divisão ao meio, para atingir sistematicamente todos os aspectos que, com certeza, recebem atenção.

Talvez você queira perguntar como incluir a reflexão em sua programação. Já que a reflexão necessita de um período de tempo definido, fica melhor se considerada uma atividade profunda. Assim, a melhor solução é incluí-la na agenda, como um compromisso consigo. Não se esqueça de escolher o horário mais favorável – a primeira atividade da manhã, por exemplo.

PONTOS DE AÇÃO

- Use o método de divisão ao meio para:
  - trabalhar sistematicamente a ação imediata necessária à execução de um projeto;
  - planejar ações futuras para a execução de um projeto;
  - pôr em ordem os seus arquivos;
  - arrumar os livros nas prateleiras;
  - organizar o quarto de ferramentas, o porão ou o sótão.
- Reconheça a diferença entre trabalhar *para a* empresa e *pela* empresa.
- Dê fundamento à sua reflexão, empregando a seqüência PENSE → AJA → PENSE → AJA.
- Reserve regularmente tempo para refletir.

10

Estruturando o trabalho

Já vimos alguma coisa a respeito de bons sistemas poderem facilitar nosso trabalho, e agora quero detalhar esse assunto tão importante. Intimamente ligado a ele está a questão da estruturação do tempo para maximizar seu uso. Quando nos é imposta uma estrutura, nós nos concentramos com muito mais facilidade. Então, nas situações em que não existe estrutura, precisamos projetar uma.

Um dos melhores investimentos do tempo é o estabelecimento de bons sistemas

Quantas vezes você não conseguiu encontrar uma correspondência importante porque não estava arquivada adequadamente? Ou deixou de atender um cliente por falta de um bom sistema? Quantas vezes se aborreceu com empresas que não respondem às mensagens que lhes são enviadas ou não cumprem o que prometem? Em todos esses casos, a razão é a mesma. Alguma coisa está errada, mas ninguém se dispõe a dedicar tempo e esforço para corrigir.

Em qualquer tarefa – seja tocar um projeto multimilionário ou dar comida ao bebê – o tempo dedicado à instalação de um sistema executável paga polpudos dividendos. Quer saber por que a sua correspondência sempre acaba em uma pilha de papéis esquecidos? Porque você não dispõe de um sistema para cuidar dela. Você se pergunta por que não consegue manter os seus *e-mails* em dia? Porque não dispõe de um sistema para cuidar deles. Por que será que você sempre tem de "dar um pulinho" no mercado para comprar algum artigo que acabou? Porque... bem, você já sabe.

A boa notícia é que praticamente todo problema recorrente pode ser solucionado pela criação de um sistema. Se você vai iniciar um projeto ou um negócio, é absolutamente imperativo que prepare os seus sistemas. Estranhamente, porém, relutamos em fazer isso, e não é preciso ir muito longe para encontrar a razão. Custa menos tempo e esforço ir ao mercado para uma compra de última hora do que criar e implementar um sistema eficiente de compras semanais. Em especial, se a ida ao mercado for uma boa desculpa para não enfrentar uma tarefa há muito evitada.

> QUADE TODO PROBLEMA RECORRENTE PODE SER SOLUCIONADO PELA CRIAÇÃO DE UM SISTEMA.

Portanto, se alguma coisa em sua vida não vai bem, analise o problema. Divida o processo em partes e descubra o que está errado. Desde que você se dê ao trabalho de olhar, não vai ser difícil encontrar a resposta.

O meu exemplo é muito simples. Eu sempre tinha problemas com os papéis que trazia das reuniões noturnas. Em meu trabalho com as igrejas, só consigo me encontrar à noite com os representantes das paróquias, três ou quatro vezes por semana. A questão era que, ao chegar em casa às 22h30 ou 23h, a última coisa que queria era mais trabalho. Então, atirava a pasta em um canto e "desligava". A pasta ficava lá, esquecida, até que eu precisasse dela novamente – quando simplesmente enfiava os papéis necessários à próxima reunião e saía. Assim, minha pasta se tornou uma espécie de pilha ambulante de papéis abandonados, que eu só esvaziava quando nada mais cabia lá. Claro que isso me dava muito mais trabalho e me fazia fugir ainda mais da tarefa.

Quando finalmente decidi enfrentar o problema de uma vez por todas, simplesmente examinei passo a passo o que acontecia, e descobri que o ponto crucial era o momento em que eu entrava em casa. A razão central do meu problema era o fato de jogar a pasta em um canto. A partir daí, a solução foi fácil. Estabeleci a regra de, ao chegar em casa, esvaziar o conteúdo da minha pasta na bandeja de entrada. Eu não precisava tomar providência alguma em relação aos papéis na mesma noite, mas o fato de estarem na bandeja, e não na pasta, significava que uma decisão seria tomada automaticamente na manhã seguinte.

A diferença em termos de tempo foi muito pouca, mas o problema – que me perseguia havia anos – desapareceu.

Esse é um exemplo muito simples. Mas a maior parte dos sistemas e rotinas relativos à vida diária e ao trabalho não são muito mais difíceis de instalar. Desde que tenhamos tempo de olhar para eles, a solução costuma ser óbvia. O processo da busca de uma solução resume-se a três etapas:

1. Examine o que está acontecendo;
2. Identifique o ponto exato em que as coisas desandam;
3. Conserte!

Nos casos mais complicados, a diferença é que vai haver problema em mais de um ponto. Às vezes, as dificuldades são logo identificadas. Em outras vezes, porém, o segundo problema só aparece quando se resolve o primeiro. Assim, o processo ganha mais uma etapa:

1. Examine o que está acontecendo;
2. Identifique o ponto exato em que as coisas desandam;

3. Conserte!
4. Está tudo bem agora? Se não, volte ao número 1.

Esse tipo de abordagem analítica é muito mais eficaz do que a adotada pela maioria: sentar-se e reclamar da própria desorganização. Se alguma coisa está errada, ataque!

Sally

Sally fazia parte de uma equipe de consultores financeiros. Ela gostava do trabalho, mas um detalhe a irritava: recebia clientes para tratar de questões nas quais não era especialista, ainda que já estivesse sobrecarregada. Como resultado, tinha a impressão de trabalhar mais do que os colegas. No entanto, pelas observações que fizeram, eles sentiam o mesmo em relação a ela. Essa era uma fonte constante de atrito subjacente em uma equipe antes feliz e harmoniosa.

O conselho que dei a Sally foi no sentido de seguir o processo de acompanhar, do início ao fim, o atendimento aos novos clientes. Assim, descobriu-se logo que os clientes eram alocados de maneira quase aleatória. Em geral, quem atendesse ao telefone ficava responsável pelo atendimento. Sally procurou os colegas, com a proposta de um método melhor, pelo qual o perfil do cliente deveria ser adequado ao perfil do consultor. Por sentirem o mesmo problema, os colegas foram receptivos à sugestão, e o novo sistema foi adotado por consenso. Com a redução do problema, desapareceu o motivo de irritação.

PARA EVITAR ATRASOS, A CHAVE É UMA BOA PREPARAÇÃO

Agora, vamos nos deter um pouco para conhecer um exemplo específico de como a análise sistemática de um problema é um largo passo para a solução. O problema, já mencionado, afeta muitas pessoas: os atrasos constantes.

Todo mundo se atrasa ocasionalmente – não há como evitar que imprevistos atrapalhem nossos planos. Mas todos reconhecemos que o mundo parece dividido em dois tipos de pessoas: as que são habitualmente pontuais e as que são habitualmente impontuais. A situação pouco parece ter a ver com as atividades de cada um. É como se alguns carregassem um relógio mental sempre atrasado. Quem não tem um amigo que sempre chega às 8h20 para um encontro que seria às 8 horas? Ou às 8h40, quando o encontro é às 8h20?

O atraso habitual, além de estressante, prejudica o trabalho e a vida pessoal, pois provoca uma péssima primeira impressão e passa uma idéia de irresponsabilidade – justificada ou não – que se estende a outras áreas.

A abordagem analítica pode ser de grande ajuda. Pense na última vez em que se atrasou. Se você sofre desse problema, não vai precisar ir muito longe. Identifique o momento em que teve consciência de que se atrasaria. Em geral, é quando você diz "Meu Deus, já é tão tarde?" O que estava fazendo? Na maior parte das vezes, a resposta é a mesma: alguma coisa que nada tinha a ver com o compromisso.

O segredo para evitar atrasos é identificar o horário em que deve deixar de lado as outras atividades e voltar a atenção para o compromisso. É o que chamo de SWEET (*Stop Working on Everything Else Time* – hora de parar de trabalhar em outra coisa). Escrevo essa passagem às 11h20 de uma brilhante e ensolarada manhã de domingo, início de outubro. Esta noite, terei uma reunião com clientes às 20 horas, em uma cidadezinha que fica a mais de 50 quilômetros de onde estou, na região de Sussex.

É importante que não me atrase, mas também não adianta chegar muito cedo. Então, pretendo estar lá às 19h55. Como não tenho certeza do local, apesar das indicações, resolvo deixar 10 minutos para procurar com calma – 19h45. A viagem vai levar uns 40 minutos – 19h05. Preciso de 15 minutos, mais ou menos, para trocar de roupa. Portanto, o momento crucial em que preciso deixar de lado outras atividades é às 18h50. Este é o ponto em que fica decidido se vou chegar tarde ou na hora. Se você costuma se atrasar, concentre aí a sua atenção. Se continuar com outras atividades, é provável que se atrase mais uma vez.

Você deve ter notado que, ao calcular o momento em que preciso deixar de lado outras atividades, não incluí a preparação do material nem a revisão dos assuntos a serem abordados. Agi assim porque tal tipo de trabalho preparatório deve ser feito com antecedência, organizado com calma, no início da manhã. Na hora de sair de casa, basta proceder a uma simples e rápida verificação mental e pegar a pasta. Como freqüentemente me esquecia de levar a agenda, incluí esse item na verificação mental.

> A ADOÇÃO DE ROTINAS SIMPLES É UM MEIO EFICAZ DE SISTEMATIZAR O TRABALHO.

A adoção de rotinas simples é um meio muito eficaz de sistematizar o trabalho. Lembre-se: quanto melhores os sistemas, mais você fica livre para exercitar a sua criatividade. Listas de checagem simples e fáceis de guardar na memória representam economia de tempo e impedem que seja esquecido algum material importante. Quando vou dar uma palestra, sempre me lembro de quatro itens: pasta, retroprojetor, tela e cabo. Se quero dar uma arrumada rápida no escritório durante o dia, tenho outra lista de checagem com quatro itens: livros, pastas, material de escritório, documentos. Por maior que seja a desarrumação, tudo fica em ordem em questão de minutos. Como, às vezes, esquecia o casaco no local da palestra ou da reunião, criei a rotina de guardar as chaves do carro no bolso dele. Agora, é impossível ir embora sem o casaco.

Essas rotinas nada têm de especial. São apenas exemplos de como uma idéia simples pode resolver problemas que nos afligem no dia-a-dia.

Trabalhar por conta própria ou ser assalariado; trabalhar em casa ou fora. O importante é ter uma boa estrutura.

Muitos dos meus clientes são empresários – alguns paralelamente a um emprego remunerado. Nós que trabalhamos por conta própria enfrentamos um grande desafio, pois precisamos desenvolver uma estrutura de apoio e organizar tudo, já que não existe empregador a quem recorrer. A responsabilidade é toda nossa, e, se não estivermos à altura dela, vamos sofrer as conseqüências. O perigo é deixar o trabalho desestruturado.

Lisa, minha agente literária, me contou um sonho que teve repetidas vezes quando deixou a agência onde trabalhava para abrir uma empresa. Ela se via caminhando pelas ruas de uma cidade grande e impessoal, sem mapa e sem a menor idéia da direção que devia tomar. Lisa não esquece a sensação de pânico que acompanhava o sonho.

Quando trabalhamos em algum tipo de ambiente estruturado, é como se tivéssemos um mapa que nos indicasse boa parte do que deve ser feito. Já reparou, por exemplo, como o dia parece mais longo quando você assiste a uma conferência? Se permanecemos, porém, à mesa de trabalho, o dia parece passar em um piscar de olhos, e temos a impressão de que fizemos pouco. O tempo da conferência rende mais, pois existe uma programação altamente estruturada que determina os temas a serem abordados e destina determinado período de tempo a cada um deles.

Aqueles que trabalham em casa, seja por conta própria ou para um empregador, ficam fora da estrutura imposta pelo escritório, e seu trabalho geralmente é prejudicado. O que costuma haver é uma confusão entre questões pessoais e profissionais, fazendo com que ambas as áreas saiam perdendo.

Se você se enquadra nesse caso, a melhor maneira de pôr alguma ordem na situação é dar um passo atrás e agir como se fosse o seu patrão. Finja ser o empregador e estabeleça para si as condições de trabalho que determinaria para um empregado de verdade. Qual é o horário do expediente? Quantos intervalos serão permitidos? Qual é o regime de férias? Registre tudo e cuide da aplicação das regras.

O autônomo ou o empregado que realiza suas tarefas em casa tem de reconhecer muito bem o momento em que está trabalhando ou não. Isso não quer dizer que não possa trabalhar até mais tarde, quando realmente houver necessidade. Se for esse o seu caso, separe as coisas. Os indivíduos mais eficientes que conheci eram aqueles que reservavam espaço para o lazer e para os assuntos pessoais, ainda que sob as circunstâncias mais difíceis.

Exercício

Se você trabalha em casa ou por conta própria, encontre tempo para estabelecer as suas condições de trabalho. Se recebe salário, pode usar o mesmo exercício para administrar as questões domésticas. Finja que se contratou como secretário – ou secretária. Qual será o seu horário de trabalho? Quais são as suas funções e como pode ou deve exercê-las?

Ao contratar-se, você consegue uma certa imparcialidade em relação ao trabalho

O princípio de agir como o próprio empregador pode ser estendido. Por acaso você já ouviu de um amigo um pedido de ajuda no trabalho? E reparou como é mais fácil fazer o trabalho dos outros do que fazer o seu? Também é muito mais fácil dar conselhos do que ouvir. Na verdade, uma das perguntas que faço constantemente aos meus clientes de *coaching* é: "Que conselho você daria a alguém que tivesse o mesmo problema?"

Freqüentemente sou solicitado por amigos e colegas para ajudá-los com a contabilidade. Considero fácil colocar em ordem as contas dos outros, enquanto as minhas "definham" em casa, abandonadas. Caso semelhante aconteceu com minha filha, que fazia faxinas com rapidez e eficiência, para ganhar dinheiro e poder pagar a universidade, enquanto deixava o próprio quarto mergulhado no caos.

Assim, você pode empregar-se para executar tarefas específicas como um meio de distanciar-se e dar estrutura ao trabalho. Que tal contratar você para cuidar da sua contabilidade? Reserve duas tardes por semana e ponha as contas em ordem, como se trabalhasse para um patrão. Esse distanciamento e essa visão da vida com os olhos de outra pessoa podem aumentar muito a sua eficiência.

Ao atuar como contabilista, é boa idéia criar uma lista de tarefas exclusivas do "emprego". Pergunte-se: "Se eu trabalhasse para alguém, quais seriam as minhas atribuições?" Restrinja-se a elas, concentrando-se nessa área de trabalho.

> JÁ REPAROU COMO É MAIS FÁCIL FAZER O TRABALHO DOS OUTROS DO QUE FAZER O SEU?

Claro que, para usar esse princípio, não há necessidade de trabalhar em casa nem por conta própria. Mesmo no escritório você pode reservar um horário específico, durante a semana, para dedicar-se a determinado serviço. Por exemplo: um dia por semana para tarefas administrativas ou uma tarde por mês para planejamento. O princípio é o mesmo. Durante o tempo reservado, trabalhe exclusivamente no que for proposto, como se obedecesse a um contrato específico.

Exercício

Identifique uma área do seu trabalho que considere um tanto negligenciada, seja uma tarefa de apoio, como contabilidade ou administração, ou uma tarefa mais criativa, como planejamento. Empregue-se como responsável pela escrituração contábil, por projetos, pela publicidade ou o que quer que seja. Se quiser, adote um título que combine com a função. Que tal diretor de finanças? Estabeleça o seu horário de trabalho. Qual deve ser? Um dia inteiro ou uma tarde por semana? Um dia por mês? Agende os horários e siga religiosamente, como se trabalhasse para o patrão.

Encontre maneiras de reforçar o compromisso. Se for o caso, trabalhe em uma mesa diferente ou mesmo em outro prédio. Quando atuo como meu contador, levo todos os livros para a biblioteca pública local, onde ninguém me perturba, e até desligo o telefone celular. Se preferir, vista-se de acordo com a função – ou como imagina que deva vestir-se. Não importa o método escolhido, o que vale é a sensação de trabalhar para outra pessoa.

Resumo da ação

- Se tiver um problema recorrente, analise-o e instale um sistema que funcione.
- Para chegar em tempo aos compromissos, identifique o momento em que deve interromper outras atividades.
- Determine as suas condições de trabalho, como se fosse o seu patrão.
- Empregue-se em meio expediente para executar algumas das suas tarefas de apoio: administração, contabilidade, publicidade, etc.

Intervalo – Uma história revisitada

Era uma vez um universo alternativo, no qual o filho de um mercador apaixonou-se por uma linda princesa. Mesmo em universos alternativos, os filhos de mercadores que aparecem nas histórias costumam chamar-se Hans.

Tal como o outro Hans, este se viu tão ocupado, que não tinha tempo para cuidar dos negócios e cortejar a princesa. Em desespero, lembrou que no povoado vivia um mago poderoso, com a fama de saber tudo o que havia para saber. Então, foi à casa de campo onde o mago passava os fins de semana (que na verdade era a maior casa de todo o povoado) e contou-lhe seu problema.

– Fácil, meu filho – disse o mago. – Expulse da sua vida tudo o que não tiver tempo de fazer adequadamente. Depois, volte aqui, e lhe darei outros conselhos.

Ao chegar em casa, Hans reduziu a linha de produtos, contratou um assistente pessoal, pediu demissão de quase todas as comissões de que fazia parte, adiou para depois do casamento o projeto de aprender a falar o idioma do país dos gigantes e decidiu visitar a princesa, sua noiva, duas vezes por semana, e não mais todos os dias. Com isso, a princesa passou a valorizar muito mais as visitas de Hans, e o noivado ficou cada vez melhor. Com o corte das linhas de produto não lucrativas, os negócios prosperaram. Certo dia, porém, quando o rapaz ia a caminho do palácio para visitar a princesa, teve de apear, porque notou que o cavalo mancava, devido a uma ferradura solta que não tinha mandado consertar. No dia seguinte, havia uma grande bolha no pé de Hans, porque ele também não tinha mandado consertar sua bota.

Como tudo o mais corria bem, aqueles eram apenas contratempos sem gravidade, mas o rapaz sentiu que poderia ter feito melhor. Assim, lembrando as palavras do mago, voltou para vê-lo – dessa vez dentro da floresta, no escritório central de sua empresa de reflorestamento.

– Se precisa ser feito, deve ser feito! – disse o mago. – Os detalhes são tão necessários quanto o que parece importante. Certifique-se de cuidar de todas as áreas do seu trabalho. Alterne a sua atenção!

O mago então convidou Hans a voltar logo que pusesse os conselhos em prática.

Ao chegar em casa, o moço dividiu seu trabalho em áreas, de modo que todas tivessem sua vez de receber atenção. Logo mandou recolocar a ferradura, consertar as botas e reparar as goteiras; colocou as contas em ordem, escreveu para os pais, comprou um espelho novo e cobrou de quem lhe devia. E o melhor de tudo: passou a escrever para a princesa, sempre que não ia visitá-la, sem que isso atrapalhasse seus outros afazeres.

Mas ele não pôde deixar de notar que alguns aspectos de sua vida ainda apresentavam problemas. Os funcionários freqüentemente se esqueciam de trancar as portas, o que resultou em vários roubos. Perdeu-se um documento enviado por um grande fornecedor. Outro mercador havia desenvolvido um sistema de encomendas mais eficiente, conseguindo assim reduzir os custos. E Hans tinha certeza de que deveria fazer algo a respeito de uma nova invenção muito comentada chamada impressora – mas não sabia o quê.

Assim, foi visitar o mago novamente – dessa vez em uma mina que ele explorava no sopé da montanha.

– Sistemas! – disse o mago. – Este é o segredo. Se alguma coisa não dá certo, descubra por que e mude o sistema, para que funcione. O tempo investido na recuperação de um sistema paga-se mil vezes.

Ao chegar em casa, Hans começou a pôr em prática o conselho do mago. Elaborou listas de checagem para os funcionários usarem ao fechar a loja, criou um sistema de registro de entrada e saída de correspondência, examinou sua rotina de encomendas para descobrir onde estava a falha e, finalmente, dedicou uma hora por dia, durante uma semana, a pensar em como tirar vantagem da nova tecnologia. Como resultado, conseguiu inundar o reino com folhetos de propaganda impressos a baixo custo, conquistando assim novos compradores e trazendo de volta os que tinha perdido para o outro mercador.

Com tanta eficiência, as coisas iam realmente bem para os negócios de Hans. Mas o sucesso significava uma vida cada vez mais fragmentada. Ele parecia não dispor de um só momento para si. Sentia-se exigido demais. Era hora de procurar o mago novamente.

Dessa vez, o mago convidou Hans e a princesa para visitarem seu chalé nas montanhas, de onde se tinha uma visão panorâmica dos belos lagos e florestas de sua terra natal. Foram momentos relaxantes para os três.

– Você precisa de atividades profundas – disse o mago. – Reserve todo dia um tempo só para si. Lembre que o tempo gasto consigo é o mais valioso.

Ao retornar à planície com a princesa, Hans assumiu o compromisso de caminhar diariamente pela floresta que rodeava o povoado. Reservou também um momento do dia para meditar. Assim, sentiu-se menos tenso e teve a impressão de que os dias estavam melhor ordenados, mais fáceis de administrar. A princesa notou o noivo consideravelmente mais relaxado.

Uma coisa, porém, continuava a incomodá-lo: raramente podia almoçar com calma, e o trabalho costumava entrar noite adentro. Ele gostaria de completar seus afazeres em menos tempo. Então, decidiu solicitar mais uma vez os conselhos do mago.

Quando Hans chegou aos escritórios das Empresas Mago S.A., descobriu que o mago não estava. Soube que havia partido em uma expedição até o deserto localizado no outro lado das montanhas, para explorar um líquido estranho recém-descoberto, que serviria para produzir calor ou luz, ou ainda para lubrificar máquinas. No entanto, o mago havia providenciado alguns cavalos de posta, para transportar correspondência e documentos entre ele e os escritórios. Assim, Hans pôde enviar-lhe uma longa carta em que descrevia seu problema. A resposta chegou em poucos dias, e era caracteristicamente concisa: "Contrate-se como empregado."

Hans pensou, pensou, até que, de repente, percebeu o que o mago queria dizer. Seus empregados cumpriam um horário, após o qual iam para casa e esqueciam-se do trabalho. Ele então determinou para si as mesmas condições. Descobriu que a pausa para o almoço e o fim do expediente aumentavam sua concentração e transmitiam-lhe uma idéia de conclusão. Assim, empregou-se também como diretor de planejamento, com escala de trabalho de um dia a cada duas semanas. O efeito sobre os negócios foi notável, e ele logo comprou novos prédios e contratou novos empregados.

Naquele estágio, Hans se sentiu pronto para pedir a mão da princesa em casamento. Ela aceitou, encantada. Afora o mago, ele era então o homem mais rico do reino.

Ao voltar do castelo, com o coração a saltar de alegria, Hans viu o mago aproximar-se pela estrada, em uma carruagem estranha que se movia sem cavalos que a puxassem. Com certeza vinha da área de exploração e, pelo jeito, havia encontrado outra utilidade para o líquido recém-descoberto. Quando o mago lhe perguntou a razão de seu ar de felicidade, Hans contou sobre o casamento com a princesa.

– Parabéns! – fez o mago.

– Devo tudo ao senhor e aos seus conselhos – disse Hans.

– Mas eu deixei o conselho mais importante para o fim – falou o mago. – Quando sentir que alguma coisa lhe provoca resistência, considere-a uma placa indicativa, a mostrar o caminho a seguir.

Hans aceitou o conselho sem hesitação, tal como fizera anteriormente. E, daquele momento em diante, em vez de evitar as dificuldades, passou a enfrentá-las assim que apareciam. Ele e a princesa viveram felizes e produtivos para sempre.

Parte Três

Além das técnicas

Ed elli a me: Questa montagna è tale
che sempre al cominciar di sotto è grave;
e quant'om più va sù, e men fa male.

E ele me disse: "Esta montanha é de tal modo,
que o início da subida é árduo,
mas, quanto mais alto se chega, mais fácil fica."

(Dante, Purgatório IV, 88-90)

11

RESISTÊNCIA: A PLACA QUE INDICA O CAMINHO

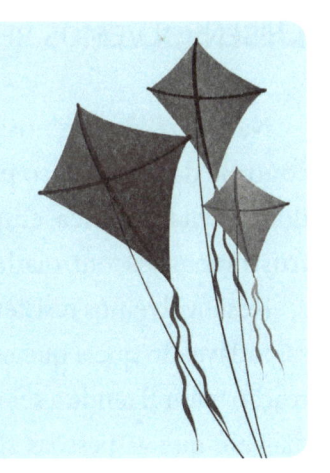

Se fez os exercícios até aqui e pôs em prática os sistemas, você aprendeu muitas coisas:

- como é vencer a resistência;
- como é trabalhar com concentração;
- como é assumir apenas o que pode fazer bem;
- como é fazer um projeto avançar por meio de atenção suficiente, regular e focada;
- como é trabalhar dentro de estruturas de apoio;
- como é agir com base em decisões, e não em impulsos.

Depois de trabalhar algum tempo segundo as técnicas que ensinei, você provavelmente vai começar a descobrir que nem sempre precisa delas. O que pode acontecer é você perceber que, mesmo quando não as utiliza conscientemente, consegue reconhecer e vencer a resistência, trabalhar com foco e concentração e rejeitar atividades que representem perda de tempo.

Nesse estágio, você pode considerar ter alcançado o ponto de transição entre essas técnicas e um estado de liberdade em que o bom uso do tempo é natural.

O objetivo da seção final deste livro é ajudar você a fazer essa transição.

Desenvolvemos resistência ao que nos desafia

Na utilização dos nossos sentimentos de resistência está a chave do controle da vida. O uso positivo da resistência leva a uma vida desafiadora, excitante e rica, enquanto a situação oposta faz de nós indivíduos frustrados, descontrolados e estressados – ou um mar de passividade.

Desenvolvemos resistência a uma atividade que seja mais difícil ou desagradável do que a que estamos ou poderíamos estar praticando. Nossa reação natural tende a ser a escolha do que oferece menor resistência. Nos dias em que as pessoas só tinham como opção "trabalhar" ou "morrer de fome", isso era um bom mecanismo de sobrevivência, pois a idéia de trabalho criava menos resistência do que a idéia de morte. Hoje, porém, nas ricas sociedades atuais, estamos tão distanciados desse tipo de conseqüência imediata, que a tendência natural de seguir o caminho de menos resistência deixa de ser apropriada.

> O USO POSITIVO DA RESISTÊNCIA LEVA A UMA VIDA DESAFIADORA, EXCITANTE E RICA.

Precisamos distinguir entre resistência ou medo, baseados em um perigo real, e resistência causada por uma tarefa difícil ou trabalhosa. Resistimos a dirigir na contramão ou a segurar um fio de eletricidade desencapado, porque sabemos muito bem quais seriam as prováveis conseqüências. De modo geral, não encontramos muita dificuldade em identificar quando a resistência é apropriada e em agirmos de acordo. O difícil é percebermos quando nossas ações são baseadas em resistência inadequada.

A resistência é, geralmente, sinal de que você deveria estar fazendo outra coisa

Nesta seção, vou tratar daquele tipo de resistência que sentimos em relação ao que sabemos que deveria ser feito. Na maior parte do tempo, sabemos disso, pois se não soubéssemos, não haveria por que resistir. Sabemos que deveríamos praticar exercícios, dar mais atenção aos nossos filhos, preparar nossa tese, verificar a satisfação dos clientes, tomar providências quanto ao relatório sobre segurança que ocupa nossa mesa. Ao sentirmos resistência, adiamos a ação. Assim, acabamos tendo um ataque cardíaco, deixando os filhos de lado, não defendendo a tese de doutorado, perdendo clientes, tendo a firma multada por negligência.

Nada disso nos é imposto pelo desejo de outras pessoas. Nós mesmos *queremos*. Queremos boa saúde, bom relacionamento com os filhos, o grau de doutorado, ter uma empresa bem-sucedida, e não queremos carregar na consciência a culpa por mortos e feridos. O problema é o esforço imediato. O fato de desejarmos alguma coisa não desculpa nossa resistência às atividades necessárias para consegui-la.

Em todos esses casos, se tomássemos a resistência como sinal para *agir*, e não para *fugir*, conseqüências terríveis seriam evitadas. Portanto, vamos fazer da resistência uma amiga e ver aonde ela nos leva.

No momento, a atividade de mais alta resistência em que estou envolvido é a redação deste livro. Quem já escreveu um livro sabe como é difícil a empreitada. O termo *bloqueio de escritor* é proverbial – e com razão. No entanto, ao tratar a resistência como amiga, como um indicador de ação, tenho conseguido escrever quase diariamente, apesar de tantos fatores chamarem minha atenção. Em alguns dias, a escrita flui; em outros, cada palavra é uma verdadeira tortura. Mas aprendi que o importante é sentar e fazer – não importa como me sinta. Agora, vamos voltar a um assunto de que tratamos no início do livro.

Como vai o seu treinamento de força mental?

Espero que, paralelamente à leitura deste livro, você venha praticando o exercício apresentado na página 6, cuja finalidade é fazer com que você se acostume a agir com base em decisões – em contraste com o modo de agir da maioria das pessoas: uma série de impulsos que pouco têm a ver com o que conscientemente é considerado como objetivo. A distinção entre atitudes tomadas com base em decisões conscientes e atitudes tomadas com base em impulsos é fundamental para a realização na vida. Quando emprego o termo *realização*, não julgo o significado que pode ter para você. O ponto principal é *decidir* o que você quer realizar, em vez de agir por uma mistura de impulsos que jamais foram examinados conscientemente.

> O PONTO PRINCIPAL É *DECIDIR* O QUE VOCÊ QUER REALIZAR, EM VEZ DE AGIR POR IMPULSO.

Agir com base em decisões é sobretudo uma questão de prática: quanto mais fazemos, mais competentes ficamos. Por isso o exercício é tão importante. Se você não o vem praticando regularmente, meu conselho é que passe a praticar já. Se começou e parou, recomece. Vai ser cada vez mais fácil.

O segredo da boa administração da vida é fazer aquilo a que se resiste mais.

Lembra que, no início do livro, eu disse que temos a tendência a assumir muitas tarefas, como um mecanismo de fuga? No entanto, se fizermos primeiro o que nos provoca mais resistência, não precisaremos mais fugir e veremos as atividades improdutivas se reduzirem e desaparecerem naturalmente.

Assim, o que faremos a partir de agora será adotar a resistência como guia. A analogia que fiz anteriormente, comparando o rio e o pântano, aplica-se aqui. Você lembra que a diferença entre o rio e o pântano é que o rio tem margens e vai para algum lugar. As margens são a resistência. Sempre que a sentimos mais forte, tomamos medidas para reduzi-la.

RESISTÊNCIA
FLUXO ⟶
RESISTÊNCIA

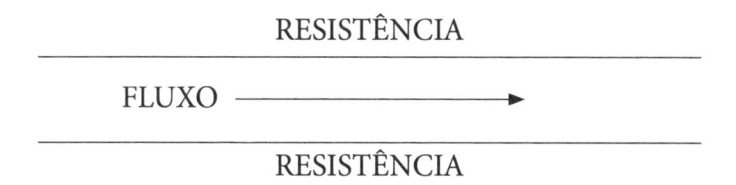

O modo como fazemos isso é importante. No passado, evitamos as atividades a que resistíamos, para tentarmos reduzir a resistência. O problema é que isso nunca dá certo, pois a fuga não nos livra da resistência. Pelo contrário: *aumenta*. Então, entramos em um círculo vicioso, buscando mais e mais atividades, para evitar sentir a tal resistência que elas mesmas causam.

Na verdade, existem apenas dois meios de superar a resistência:

- executar a tarefa à qual resistimos, **ou**
- tomar a decisão consciente de não fazer.

A segunda possibilidade é importante porque, ao examinarmos a razão da nossa resistência, podemos descobrir que, subconscientemente, sabemos que é melhor não fazer. Por exemplo: outras pessoas podem nos pressionar a agir de determinado modo, mas nossa resistência nos diz que devemos fazer o contrário.

Na verdade, não existe uma diferença entre essas duas maneiras de afastar a resistência, porque, no segundo caso, resistimos realmente a tomar a decisão de examinar nossos genuínos sentimentos acerca da situação.

Neste capítulo, proponho exercícios para fortalecer a sua capacidade de, em primeiro lugar, identificar a que vem resistindo e, em segundo lugar, a agir imediatamente, reduzindo a resistência. Minha intenção é fazer você experimentar isso.

No entanto, são apenas exercícios cujo objetivo é levar você ao ponto de fazer tudo naturalmente, sem técnicas artificiais. O segredo dos indivíduos naturalmente bons na administração da vida é simples: eles utilizam a resistência como um estímulo à ação, e não à fuga. O assunto de que tratamos aqui é, de fato, a redescoberta da coragem, essa antiga virtude. O medo é a única coisa que separa a pessoa que sou da pessoa que quero ser. E o melhor – e único – remédio para o medo é, e sempre foi, a ação.

> O MEDO É A ÚNICA COISA QUE SEPARA A PESSOA QUE SOU DA PESSOA QUE QUERO SER.

Para ajudar na transição da necessidade da utilização de sistemas e técnicas para fazer o que precisa ser feito na hora certa, proponho quatro exercícios que pretendem fazer você:

1. conscientizar-se de quando age por impulso ou por decisão;
2. experimentar a diferença de cumprir as tarefas em ordem de resistência;
3. tomar consciência das tarefas às quais vem resistindo;
4. focar cada uma das principais áreas de resistência de sua vida.

Esses exercícios devem ser praticados regularmente, até que você os considere desnecessários. Mas não se esqueça do que eu disse: nossa capacidade de administrar a vida varia de tempos em tempos – às vezes, de um dia para o outro. Não se surpreenda se precisar voltar e praticar novamente.

Exercício 1: Conscientizando-se das situações em que age por impulso

Praticamente todo mundo já disse a frase: "comprei por impulso". Quando isso acontece, é sinal de que tomamos consciência de termos agido irracionalmente. Podemos até tentar racionalizar, dizendo alguma coisa do tipo: "Eu estava precisando mesmo", mas por alguns instantes, pelo menos, reconhecemos que a compra foi resultado de um impulso inconsciente, e não de uma intenção consciente.

O que talvez nos passe inteiramente despercebido é o fato de as reações inconscientes, longe de serem desvios ocasionais, corresponderem a milhares de impulsos que sentimos no decorrer do dia. São muitos os indivíduos que quase sempre agem por impulso, e não por escolha. E todos nós, provavelmente, fazemos o mesmo com muito mais freqüência do que gostamos de admitir.

Assim, é importante tomarmos consciência da extensão da nossa impulsividade. Para isso, faça um exercício de nomeação, primeiro, por um período curto de tempo – de cinco a dez minutos. À medida que for se familiarizando, estenda o período.

> **AS REAÇÕES INCONSCIENTES, LONGE DE SEREM DESVIOS OCASIONAIS, CORRESPONDEM A MILHARES DE IMPULSOS QUE SENTIMOS NO DECORRER DO DIA.**

Escolha uma tarefa cuja execução tenha sido fruto de uma decisão consciente. Pode ser qualquer uma; o importante é que você tenha decidido. Declare a sua intenção imediatamente antes de começar. O mais fácil é dizer simplesmente: "Vou..... agora." Pode ser "Vou responder aos meus *e-mails* agora", "Vou arrumar o escritório agora" ou "Vou preparar minha aula da noite agora". E comece.

Enquanto trabalha, monitore a sua mente, em busca de impulsos. Eles podem surgir de várias formas, mas, em geral, soam mais ou menos assim:

- "Seria muito bom uma xícara de café."
- "Esqueci de telefonar para o Donald."
- "Preciso molhar as plantas."

Em seguida, você se pega fazendo café, telefonando para Donald ou aguando as plantas, enquanto o trabalho fica abandonado. Tudo parece ter acontecido independentemente da sua vontade. E foi o que ocorreu. Você não fez uma escolha consciente; simplesmente reagiu a um impulso.

Para interromper esse processo, usaremos um método conhecido como *nomeação*. Assim que perceber um impulso a surgir em sua mente, diga a palavra "impulso". A idéia chamada de impulso vai para a mente consciente, e fica muito mais fácil de ser descartada, permitindo assim que você continue o que estava fazendo.

Um dos momentos em que ficamos mais vulneráveis aos impulsos é depois de uma interrupção. Se a sua tarefa escolhida for responder às mensagens de correio eletrônico, retome a atividade depois de uma interrupção dizendo: "Estou respondendo aos meus *e-mails*", antes que qualquer outro pensamento tenha a oportunidade de insinuar-se.

De início, não tente estender muito esse exercício. Determine um período curto de tempo, que pode ser ampliado gradualmente à medida que você sentir segurança, até chegar a cerca de 30 minutos. Recomendo uma experiência diária, incorporada ao trabalho normal. Tal como o exercício físico fortalece o corpo e produz resultados positivos que se estendem pelo decorrer do dia, esse exercício reforça a capacidade de resistir a impulsos, e você vai continuar a colher as vantagens, mesmo depois de fazê-lo.

Exercício 2: Usando a resistência para organizar o dia

Já abordamos este conselho freqüentemente encontrado em trabalhos sobre administração do tempo: comece o dia fazendo o que lhe desperta mais medo. Apontei, porém, a possibilidade de que essa estratégia leve à imobilidade, simplesmente por não conseguirmos enfrentar tal desafio.

Apontei também a diferença prática entre o que mais tememos e o que nos provoca mais resistência. Podemos sentir medo de telefonar a um cliente insatisfeito, resistindo, porém, a identificar e corrigir o motivo da insatisfação.

Embora as duas situações estejam intimamente ligadas, a ansiedade experimentada como resistência tende a ser menos imediata e mais fundamental do que a ansiedade experimentada como medo. Assim, faz sentido reformular a orientação para: faça primeiro o que lhe provocar mais resistência.

Se você fez os exercícios anteriores, deve estar em condições de seguir a sugestão. Antes deles, você provavelmente não teria experiência bastante para enfrentar a resistência.

Para a maioria das pessoas, a tendência natural é atacar primeiro as tarefas fáceis, deixando as mais difíceis para depois. Mas o depois, tal como o amanhã, tem o hábito de não chegar nunca. Quando essa tendência se soma à outra – acumulação de pequenas tarefas como tática de fuga –, não nos admiremos que as questões triviais nos sufoquem e que não tenhamos tempo para cuidar do que realmente interessa. O objetivo deste exercício é então, levar você a experimentar o oposto: o que acontece quando o trabalho difícil é feito primeiro.

Trata-se de um exercício basicamente muito fácil. Elabore uma lista de tudo o que tem a fazer. Use a técnica da divisão ao meio, para agrupar os itens, começando a trabalhar pelos que lhe despertarem mais resistência.

Como exemplo, vou fazer uma lista de oito itens que podem ser divididos ao meio até chegar a um só. A sua lista provavelmente será mais longa e talvez o total não seja múltiplo de 2. Não importa; a divisão ao meio em cada estágio pode ser aproximada.

Primeira etapa: elabore a lista de tarefas.

verificar *e-mails*
preparar novos anúncios
telefonar para Roger
calcular o valor das vendas

contatar clientes
arrumar a mesa
procurar a ficha perdida
rascunhar o relatório

Segunda etapa: marque as tarefas que lhe provocam mais resistência. Procure chegar à metade do total.

verificar *e-mails*	
preparar novos anúncios	✓
telefonar para Roger	
calcular o valor das vendas	✓
contatar clientes	✓
arrumar a mesa	
procurar a ficha perdida	
rascunhar o relatório	✓

Em seguida, comece uma segunda coluna e escolha, entre as tarefas marcadas, as que lhe provocam mais resistência.

verificar *e-mails*		
preparar novos anúncios	✓	
telefonar para Roger		
calcular o valor das vendas	✓	
contatar clientes	✓	✓
arrumar a mesa		
procurar a ficha perdida		
rascunhar o relatório	✓	✓

Nesse exemplo, você tem dois itens na segunda coluna. A etapa seguinte é abrir uma terceira coluna e, mais uma vez, marcar as tarefas que lhe provocam mais resistência.

verificar *e-mails*			
preparar novos anúncios	✓		
telefonar para Roger			
calcular o valor das vendas	✓		
contatar clientes	✓	✓	✓
arrumar a mesa			
procurar a ficha perdida			
rascunhar o relatório	✓	✓	

Agora, você chegou a um só item na coluna. Faça-o. Assim, o primeiro item do exemplo é entrar em contato com os clientes – tarefa que, normalmente, seria adiada até que a maior parte das mais fáceis estivesse concluída. Repare que a ação que desperta mais resistência costuma ser a mais importante. Nesse caso, contatar clientes é o que faz o dinheiro entrar – e não o item arrumar a mesa, por exemplo. De modo semelhante, para mim, neste momento, a tarefa que provoca mais resistência é escrever este livro.

Você cumpriu a meta do dia, que era fazer contato com os clientes. Portanto, dê um suspiro de alívio e risque o item da lista.

verificar *e-mails*			
preparar novos anúncios	✓		
telefonar para Roger			
calcular o valor das vendas	✓		
~~contatar clientes~~	~~✓~~	~~✓~~	~~✓~~
arrumar a mesa			
procurar a ficha perdida			
rascunhar o relatório	✓	✓	

Você percebe imediatamente que o item seguinte é o único que ocupa a segunda coluna: rascunhar o relatório. Nossa tendência natural é adiar o cumprimento das tarefas até que elas se tornem urgentes. Por esse sistema, porém, as mais difíceis são as primeiras a serem atacadas. Talvez você precise de vários dias para completar o rascunho do relatório, mas terá feito um bom começo nesse dia. Quando alcançar a meta que impôs a si mesmo, risque a tarefa e transfira a lista para o dia seguinte.

verificar *e-mails*
preparar novos anúncios ✓
telefonar para Roger
calcular o valor das vendas ✓
~~contatar clientes~~ ✓ ✓ ✓
arrumar a mesa
procurar a ficha perdida
~~rascunhar o relatório~~ ✓ ✓

Agora, você tem dois itens marcados na primeira coluna. Mais uma vez, escolha o que lhe desperta mais resistência.

verificar *e-mails*
preparar novos anúncios ✓ ✓
telefonar para Roger
calcular o valor das vendas ✓
~~contatar clientes~~ ✓ ✓ ✓
arrumar a mesa
procurar a ficha perdida
~~rascunhar o relatório~~ ✓ ✓

Você começa a entrar em território mais suave – preparar anúncios é "sopa", comparado a entrar em contato com clientes. Depois desse, o próximo item é verificar as vendas, o que não representa grande dificuldade. Assim, só lhe restam tarefas relativamente simples, que despertam pouca resistência.

Repare no que acontece: a resistência tende a ser mais forte quando a tarefa é mais difícil, exatamente do tipo que faz o trabalho avançar.

Ao começarmos pelas tarefas que nos desafiam mais e terminarmos pelas que despertam menor resistência, somos como um ciclista descendo a ladeira. Conforme o dia avança, a resistência diminui. Isso é o oposto do esforço ladeira acima que nos impomos, ao começarmos o dia de trabalho pelas tarefas de rotina e terminarmos pelas mais difíceis. A resistência se intensifica na medida em que se torna impossível reunir energia suficiente para enfrentar o que realmente importa.

> AO EXECUTARMOS PRIMEIRO AS TAREFAS MAIS DIFÍCEIS, A RESISTÊNCIA DIMINUI.

Exercício 3: Identificando o que nos provoca resistência

No exercício anterior, você devia ordenar as tarefas em ordem de resistência, de modo que as consideradas mais difíceis fossem executadas primeiro. Infelizmente, porém, às vezes escondemos tão bem o que nos perturba que fica difícil percebermos a nossa resistência. O propósito do terceiro exercício é fazer com que tomemos consciência das tarefas a que resistimos.

Pegue uma folha de papel e escreva no alto: "Atualmente, resisto a..." Então, escreva abaixo todos os complementos que conseguir lembrar para a frase. Não pense muito. O exercício funciona melhor quando escrevemos o mais rapidamente possível tudo o que nos vem à cabeça. Procure encontrar não menos de 6 e não mais de 12 complementos.

Veja o resultado da primeira vez em que um cliente meu fez o exercício:

Cuidar do condicionamento físico.
Passar mais tempo com a mulher e os filhos.
Responder à carta de Sally.
Pensar se continuo ou não no emprego.
Fazer um *check-up* médico.

Arrumar meus arquivos.

Decidir onde vou passar as férias.

Consertar o teto da garagem.

Pedir desculpas a John.

Como se pode ver, a lista mistura itens importantes e sem importância. Ótimo. Não se preocupe com isso. O que conta é o quanto você resiste a eles.

Repita o exercício diariamente, por pelo menos cinco dias, e depois continue a fazê-lo com regularidade. Não há problema se algum item tornar a aparecer. O que você provavelmente vai descobrir é que a lista muda e cresce a cada dia. É assim mesmo que deve ser, pois o objetivo do exercício é fazer você tomar consciência de coisas que vem tentando ignorar.

Não imagine que tenha de agir acerca das respostas a este exercício. O próprio fato de tomar consciência delas tende a produzir ação, em seu devido tempo.

Exercício 4: Observando mais atentamente as tarefas a que resistimos

O objetivo do exercício anterior era abrir, ou seja, trazer à sua consciência o maior número possível de tarefas às quais resiste. O objetivo deste é aprofundar, isto é, observar, com detalhes, uma de cada vez.

Trata-se de uma variação de outro exercício apresentado na página 86, em que você devia escrever durante cinco minutos sobre determinado assunto.

Desta vez, o objetivo é escrever durante quinze minutos. Comece por escrever "Aquilo a que eu mais resisto na vida é a..." continue daí. Tal como no outro exercício, a idéia é escrever sem parar. Não interrompa para pensar, não releia, não se preocupe com pontuação, ortografia ou gramática. Mantenha a mão em movimento. Quando se esgotarem os quinze minutos, pare imediatamente.

Ao terminar, leia o que escreveu e sublinhe o que considerar especialmente importante, seja uma nova idéia ou uma atitude. Então, elabore uma lista contendo o que foi sublinhado.

Depois de feitos esses exercícios algumas vezes, você pode experimentar viver sem o auxílio de técnicas. Lembre que o objetivo é levar você a fazer o que deve ser feito, na hora certa. Tal como aprender a andar, não é fácil e exige prática. Não desanime se não conseguir avançar. Não tenha medo de voltar atrás e exercitar novamente as técnicas anteriores.

As seguintes etapas mentais, adotadas como prática, podem ser de grande ajuda:

1. Pergunte-se: "A que estou resistindo neste exato momento?". Em geral, quando você faz a si mesmo essa pergunta, recebe uma resposta clara. Se isso não acontecer, escolha alguma coisa a que saiba estar resistindo.
2. Diga o que vai fazer. Por exemplo: "Vou... agora".
3. Sempre que se perceber a ponto de desviar-se do que pretende fazer, nomeie o sentimento como *impulso* e mantenha delicadamente a intenção.

Então, o seu diálogo interno durante o processo deve ser mais ou menos assim:

"A que estou resistindo neste exato momento?"

"A cuidar do meu condicionamento físico."

"Vou passar os próximos quinze minutos decidindo o que fazer para melhorar o meu condicionamento físico."

(Alguns minutos mais tarde) "Será que John já respondeu ao meu *e-mail*?"

(Cortando a reação instintiva de verificar o correio eletrônico) "Estou decidindo o que fazer para melhorar o meu condicionamento físico."

Scatter maps ajudam a integrar o dia

Um bom meio de preparar a mente para um dia em que você pretenda aplicar o princípio da resistência é uma técnica que chamo de *scatter map* – mapa disperso, em tradução literal.

A técnica do *scatter map* tem semelhança com a do *mind-mapping*, o mapeamento mental de que você talvez já tenha ouvido falar; mas existem diferenças em aspectos importantes. Pessoalmente, nunca achei os *mind maps*, que funcionam como uma representação gráfica de como as idéias se organizam em torno de determinado foco, tão úteis quanto se diz. Talvez se trate apenas, como em tantas outras coisas, de preferência individual, já que conheço fiéis adeptos da técnica. Prefiro estratégias mais simples e mais fáceis, e os *scatter maps* preenchem perfeitamente esse requisito.

O *scatter map* tem esse nome porque você espalha os seus pensamentos em um pedaço de papel, para em seguida mapeá-los, reunindo os que tiverem ligações entre si.

Diferentemente do *mind map*, que utiliza palavras-chave, o *scatter map* emprega frases completas, consideradas um mecanismo importante para a integração dos pensamentos. Tome, por exemplo, as palavras *cachorro* e *branco*. Isoladas, não passam de conceitos não relacionados. Mas no momento em que são unidas em uma frase (Meu cachorro é branco, por exemplo), a conexão entre elas integra os dois conceitos. A linguagem exerce um importante papel na integração do que se passa no nosso cérebro, conforme veremos novamente no capítulo 13, quando tratarmos das anotações feitas no diário. Criada a frase, podemos acrescentar outros conceitos: *sujo*, por exemplo. "Meu cachorro é branco, a não ser quando está sujo." E podemos ainda incluir sentimentos. Por exemplo: "Detesto quando meu cachorro está sujo."

Nos *scatter maps*, mais uma vez diferentemente dos *mind maps*, só se tenta estabelecer conexões entre os pensamentos *depois* que são colocados no papel. Assim, nos *scatter maps*, essas conexões costumam ser bem mais claras para a pessoa que escreveu e muito mais misteriosas para quem observa.

Os *scatter maps* podem ser utilizados para várias tarefas, inclusive a maior parte daquelas para as quais são recomendados os *mind maps*. Mas a utilização que me interessa aqui é a preparação da sua mente para um dia de trabalho. Se você começar o dia colocando em um pedaço de papel todas as suas idéias sobre o que tem a fazer durante o dia, vai ver que deu o primeiro passo, deixando o trabalho muito mais fácil.

Logo adiante, você vai ver um *scatter map* que eu mesmo fiz, para preparar meu dia de trabalho – na verdade para o dia de hoje. Não mexi em nada. Você provavelmente vai achar incompreensível (e é assim que deve ser), mas vai ter idéia de como fazer, para depois, se quiser, desenvolver os seus próprios métodos.

> COLOCAR NO PAPEL AS IDÉIAS SOBRE O QUE DEVE SER FEITO DURANTE O DIA TORNA O TRABALHO MUITO MAIS FÁCIL.

Repare no seguinte:

- As frases completas são maioria.
- Comecei no meio da página e espalhei as idéias, colocando-as onde tinha vontade.
- Sempre que percebia uma conexão entre as idéias, ligava-as por meio de setas.
- Descrevi meus sentimentos acerca do que tinha a fazer – "Adoro aprender francês" e "Não se esqueça de limpar as botas depois, UGH!"
- Não tive a menor preocupação em fazer sentido ou ser lógico.

No próximo capítulo, vou dar alguns exemplos de dias em que segui o princípio da resistência e de outros em que não consegui fazer isso.

Devo dar uma caminhada! → E não se esqueça de limpar as botas depois – UGH!

A revisão deve ser feita HOJE e AMANHÃ (antes de sair de casa).

Venho negligenciando a arrumação.
↑
| O que precisamos fazer hoje? |
↓
Onde está a resistência? → Estou resistindo a estas duas!

Preciso acabar o livro.
↓
Preciso me preparar para Edinburgh.

| HORA DO ALMOÇO! |

↓ Tudo! Pegar livros, trabalhos, etc.

Ler
Corrigir
Enviar
↓
Fazer um scatter map
↓
ESTE!

Coisas divertidas
↓
Quero reler Dante
↳ e Shakespeare

Adoro estudar espanhol e francês? NON! PAS AUJOURD'HUI.

Pontos de ação

- O emprego da resistência como guia de ação faz a nossa vida fluir adequadamente.
- É preciso bastante treino para aprender a fazer o que é preciso, quando é preciso, sem o auxílio de técnicas.
- Use *scatter maps* para preparar o dia, antes de começar a trabalhar.
- Se falhar, não desista – pratique mais!

12

Como o princípio da resistência funciona na prática

Neste capítulo, vou mostrar como o princípio da resistência funciona na prática. Para isso, faço um relatório de alguns dias da minha vida, de modo que você perceba como utilizo a resistência para imprimir ao meu trabalho orientação e propósito. Vai ser uma semana real – e não de ficção. Portanto, não espere perfeição. Pretendo mostrar tanto os meus erros e falhas quanto os acertos. Só não sei onde ocorrerão uns e outros, porque a semana ainda não passou. Na verdade, vai começar amanhã. Escrevo em uma tarde de domingo, e o diário começa na manhã de segunda-feira.

Um diário é uma ferramenta útil para a análise da utilização do tempo

Manter um diário por uma semana é um método útil para a análise do que você vem fazendo e do modo como emprega o tempo. Basta elaborar uma lista de tarefas e colocar ao lado de cada uma o horário de início.

9h   Telefonar para Bob
9h12   Abrir correspondência
9h25   Responder à carta de Sue

Quando acontecer uma interrupção, anote, afastando para a direita, e acrescente o horário de término. Assim:

9h   Telefonar para Bob
9h12   Abrir correspondência
       9h17   Jim telefonou – 9h30
9h38   Responder à carta de Sue

Com um diário como esse, é fácil identificar rapidamente o uso do tempo e verificar o efeito de interrupções e reuniões. Outra utilidade do método é, ao fim de uma semana movimentada, mostrar o que foi feito realmente.

O meu diário vai basear-se exatamente nesse tipo e será em seguida ampliado, para que você perceba o que quero mostrar. Durante o período, vou trabalhar unicamente em resposta à minha resistência. Não vou elaborar lista de tarefas nem priorizar de forma alguma as minhas ações.

Existem questões importantes que preciso acompanhar ou levar adiante:

- O mais importante é escrever este livro.
- Estou começando um novo empreendimento de *marketing* de rede.
- Em meu trabalho para a diocese de Chichester, tenho campanhas a encerrar, iniciativas a levar adiante e paróquias a contatar e acompanhar.
- Administro várias listas de *e-mails*, inclusive a principal, que inclui *coaches* de vida do Reino Unido, e preparo um informativo que é enviado duas vezes por mês.

- Seria bom encontrar tempo para diversão, embora meu trabalho seja tão interessante e variado, que não faço verdadeiramente distinção entre as duas situações.

Outro ponto a destacar, antes de começarmos, é o fato de que trabalho em casa, o que, conforme já vimos, tem suas vantagens e desvantagens.

Segunda-feira – um dia que corre bem

Uma das grandes *vantagens* de trabalhar em casa é não precisar acordar cedo e sair. Assim, não me levanto da cama antes de 8h10.

Uma das grandes *desvantagens* de trabalhar em casa é que é muito difícil agir logo de manhã. Sem a necessidade de apresentar-se com boa aparência e razoável disposição em uma hora específica, em um local específico, a tendência é vaguear pela casa em roupas de dormir, enquanto a vontade de trabalhar não chega.

A cura para esses sintomas está na resposta à resistência. Quando nos levantamos da cama, o esforço para trocar de roupa pode parecer equivalente à escalada de uma montanha intransponível. Esteja alerta, porém. A que você está resistindo? Siga esse caminho e, passo a passo, logo terá vencido o processo que vai do momento de sair da cama até apresentar-se diante da vida de banho tomado, roupa trocada e sem sono. A repetição se transformará em rotina que exige pouquíssimo esforço consciente, mas desperta resistência, caso você tente alterá-la.

> A QUE VOCÊ ESTÁ RESISTINDO?

Assim, aqui estou eu, às 8h30, vestido, de banho tomado e completamente desperto, pronto para tomar o café da manhã. O correio chega e traz um livro sobre Pilates, sistema que pretendo experimentar. Às 8h55, sinto um início de resistência à idéia de pegar no trabalho – sinal seguro de que devo começar. No entanto, um telefonema do vigário de uma paróquia que visito me interrompe, para alguns acertos finais. São 9 horas.

Como primeira providência, faço-me uma pergunta que vou repetir várias vezes durante o dia: "A que resisto mais, neste exato momento?" Para mim, a resposta é óbvia. No início da semana, sempre há um acúmulo de tarefas que ficaram da semana anterior. Isso freqüentemente acontece porque alguém não foi encontrado, ou por outras boas razões (claro que *experts* em administração do tempo nunca têm razões *ruins* para deixar de fazer alguma coisa). Guardo as questões que ficaram da semana anterior (*brought forwards* – B/Fs) em uma pasta sanfonada, de modo que, sempre que um item necessita de acompanhamento, marco a data em que devo voltar a ele. Um bom acompanhamento é essencial para o sucesso em quase todas as esferas da atividade humana. Portanto, se ainda não adotou um sistema para isso, recomendo que o faça. Alguns preferem guardar os B/Fs na agenda, outros no computador. Prefiro a pasta sanfonada, porque posso guardar dentro dela cartas ou quaisquer papéis ligados ao caso. O importante é que o sistema, seja ele qual for, funcione para você.

B/Fs tendem a provocar forte resistência porque, por definição, vêm sendo adiados, ainda que por boas razões. Assim, checar a minha lista de B/Fs é o item que me desperta mais forte resistência.

Por isso mesmo, é essa a minha primeira ação do dia de trabalho. Desta vez, ao fazer isso, descobri que o único item é dar um telefonema. Eis, porém, que o telefonema me provoca menos resistência do que outra atividade. Então, não ajo imediatamente. São 9h09.

A atividade que me provoca mais resistência é escrever este livro. Já fiz a primeira versão, e ainda tenho quatro meses e meio até a data da entrega. Portanto, por que a pressa? Bem, escrever um livro é uma atividade de alta resistência, e os quatro meses e meio vão desaparecer da noite para o dia, se eu não continuar trabalhando. Ação consistente é a chave para o cumprimento de uma tarefa extensa como esta. Então, trabalho no livro por cerca de 40 minutos.

Repare que faço isso *antes* de mergulhar nas tarefas rotineiras do dia. Não se trata, porém, de um plano deliberado, mas do resultado da escolha dos itens que provocam mais resistência em determinado momento. São 9h48.

Agora, posso dar atenção ao telefonema. É para um vigário com quem venho tentando entrar em contato há semanas. Minha tendência natural é adiar. A intensidade da resistência, então, me diz que devo ir por aí. Digito o número e ouço a secretária eletrônica. Deixo mensagem e (muito importante) faço uma anotação na minha ficha, para voltar a cuidar do caso daqui a dois dias. São 9h58.

A correspondência de hoje olha para mim, amontoada. Tal como muita gente, tenho horror à papelada. Então, decido que esta é a próxima coisa a fazer. Na verdade, para alívio meu, além do livro sobre exercícios de Pilates, há apenas coisas sem importância – *junk mail* – e às 10h20, tudo está terminado.

> É MUITO IMPORTANTE MONITORAR OS NÍVEIS DE RESISTÊNCIA E EVITAR AÇÕES IMPULSIVAS.

A reunião de hoje à noite começa a pairar como uma nuvem negra, e meu sensor de resistência avisa que a próxima tarefa é a preparação para ela. Preciso verificar o local exato e como se chega lá, e também imprimir algumas transparências para retroprojetor. Tudo fica pronto rapidamente, e guardo os papéis na pasta. Determino em 19h10 o momento de interromper todas as atividades, para chegar à reunião na hora certa.

Agora, são 11h12, e sinto que superei a pior parte do dia. Trabalhei no meu livro, dei um telefonema importante, verifiquei minha papelada e preparei a reunião de hoje à noite. Claro que o fato de não haver trabalho acumulado é de grande ajuda, mas isso só acontece porque venho aplicando regularmente o princípio da resistência.

O restante do dia definitivamente vai ser "moleza", com tarefas que, em comparação com outras, despertam pouca resistência. Mas essa é uma *hora perigosa*, em que é fácil desviar-se. Assim, é muito importante manter os níveis de resistência mentalmente monitorados e evitar ações impulsivas.

Hora de verificar os *e-mails*. Uma das listas que organizo recebeu uma mensagem ofensiva de alguém de fora. Preciso cuidar disso. Tenho de contatar também os interessados em fazer parte da lista. Como sempre, há um grande número de mensagens de menor importância, mas algumas precisam de resposta.

É importante contar com um bom sistema para processar os *e-mails*, em especial quando se recebe um grande volume. É facílimo cair na desorganização. Costumo receber de 30 a 40 *e-mails* por dia, e há quem receba muito mais. Lembre: o tempo gasto na instalação de um bom sistema se paga muitas vezes. O que desenvolvi funciona assim:

- Primeiro, dou uma olhada rápida nas mensagens que chegaram e apago o que for possível.
- Então, examino as restantes em estrita ordem de chegada. Meu objetivo é esvaziar a caixa de entrada.
- Só arquivo o que for realmente necessário. Do contrário, apago.
- Tendo terminado de ler e preparar as respostas, envio tudo de uma vez.

Em geral, acontece de entrarem novos *e-mails* enquanto envio as respostas. Dou uma olhada, mas não faço mais nada, e, a não ser que haja algum urgente, deixo para a próxima vez. Isso é importante, para não correr o risco de passar o dia todo recebendo, respondendo, recebendo, respondendo...

São 12h50, e percebo que resisto a fazer um intervalo. Não pense que resistimos apenas às coisas difíceis. A resistência varia no decorrer do dia, e muitas vezes é provocada pelo descanso ou pelo prazer. Ouça a sua mente. Quanto melhor você fizer isso, mais equilibrada será a sua vida.

Faço uma refeição leve e experimento alguns exercícios do meu novo livro. Tendo eliminado os itens de maior resistência, cheguei ao nível das tarefas mais simples, mas é essencial manter a mesma estratégia. Às 14h07, saio para pegar uma receita. Estou de volta às 14h43, e telefono para o relojoeiro, perguntando se meu relógio está pronto. Ele promete ligar de volta. Às 14h46, verifico minha agenda para a semana que vem. É preciso fazer isso regularmente, para estar bem preparado. Estou a par de quase tudo, mas percebo que tenho de imprimir algumas informações sobre um treinamento em dia de sábado, para meu novo empreendimento de *marketing* de rede.

Enquanto isso, o relojoeiro telefona e pede "mais uns dois dias". Então, faço uma anotação na ficha para sexta-feira. Aproveito e marco a quinta-feira para ver como andam as fitas que encomendei para o segundo estágio da minha mala direta. Só posso começar o primeiro estágio quando o material do segundo estiver pronto, pois é essencial responder imediatamente a qualquer pergunta.

Às 14h54, um colega telefona. Precisa mudar a hora e o lugar do nosso encontro de amanhã, antes marcado para 11h30 em sua casa, para meio-dia no escritório. Sem problema.

São 15h02, e percebo que a não entrega das fitas me proporcionou uma desculpa para adiar o primeiro estágio da mala direta. Devo ter tudo pronto para começar a enviar logo que as fitas chegarem. Senão, a preparação do material vai provocar ainda mais atraso.

Passo os 40 minutos seguintes endereçando envelopes. Depois que a mala direta estiver organizada, esse é o tipo de tarefa que se pode pagar a alguém para fazer. Nesse estágio experimental, porém, para manter o controle, é melhor que eu mesmo faça. Às 15h40, verifico novamente os *e-mails*, pois espero que minhas mensagens anteriores tenham provocado alguma reação. E provocaram mesmo, mas são poucas as que precisam de respostas imediatas.

Às 16h10, percebo que ainda resisto a completar o material da mala direta. Faço algumas pequenas alterações no folheto do primeiro estágio, imprimo e, às 16h30, saio para ir ao centro da cidade, tirar fotocópias. Como vai demorar, aproveito o tempo para comprar alguns materiais de escritório de que preciso. Centros comerciais são lugares perigosos, cheios de tentações que nos afastam do trabalho. Por isso, cuido de estar logo de volta à loja de fotocópias. Tenho de esperar por dez minutos, mas isso é melhor do que o tempo (e o dinheiro) que eu teria desperdiçado, se deixasse meus impulsos à solta.

Volto para casa às 17h40, a tempo de ajudar minha mulher a escolher a cor do sofá novo. Às 17h50, saio para uma caminhada rápida de 15 minutos, antes de ler por meia hora, relaxando antes da refeição da noite. A voz da resistência me diz que é melhor relaxar mais um pouco.

Às 19h15, saio para a reunião noturna. Como vimos, preparei tudo cedo, e não há correrias de última hora. Procurei conhecer o caminho. Por isso, não perco tempo pedindo orientação. Tudo corre bem, e chego em casa às 22h40.

> **FUGA E ADIAMENTOS REPRIMEM O ESTRESSE, EM VEZ DE DESCARREGÁ-LO.**

A volta de uma reunião noturna é outro *ponto perigoso*. Passo alguns minutos arrumando os papéis, em vez de dormir imediatamente. Sei que vou colher os lucros amanhã.

Resumo do dia

Fiz muita coisa durante o dia, com pouquíssimo desperdício de tempo. O bom de um dia como esse é que nos deixa com uma sensação de energia e vitalidade, e não de cansaço. Em termos de estresse, o custo é muito baixo, pois a pressão é descarregada imediatamente pela ação. Sono, fuga e adiamentos reprimem o estresse, em vez de descarregá-lo, deixando você pior do que antes.

Terça-feira – outra vez nos eixos, depois de um desastre

Como trabalhei até mais tarde na noite passada, começo hoje mais devagar, somente depois das 10. Depois das atividades de ontem, meu escritório precisa de arrumação. Sigo a rotina simples já mencionada:

livros: colocar de volta nas estantes
fichas: guardar no arquivo
material de escritório: arrumar no lugar certo (minha definição de material de escritório compreende tudo o que não couber nas outras três categorias)
papéis: reunir tudo que estiver pronto para ação

A arrumação rápida não demora mais que cinco minutos, e me deixa pronto para o trabalho. Verifico a secretária eletrônica. Uma mensagem, apenas – para minha filha.

São 10h12, e o encontro com meu colega se aproxima. Preparo a papelada e estabeleço em 11h15 o momento de deixar de lado todas as outras atividades. São 10h26.

Verifico o que ficou de ontem – os B/Fs – e ligo para o vigário com quem tento fazer contato. Como ninguém atende, deixo uma mensagem na secretária eletrônica e decido baixar os *e-mails*. Quando ia começar, o telefone toca. O vigário havia saído. Encerramos o assunto rapidamente, e volto aos *e-mails*, o que preenche com perfeição o espaço de tempo que me separa do momento de sair de casa para o encontro.

Um telefonema me atrasa alguns minutos, mas eu havia deixado uma pequena margem de erro. Não há motivo para preocupação, portanto.

Chego bem a tempo, mas encontro meu colega ainda envolvido em uma reunião anterior à minha. Começo a temer o pior, ao ficar sabendo que a tal reunião começou com 20 minutos de atraso, e ele só estará livre em uma hora e dez minutos. Sinto vontade de me dar um soco. Como não levei trabalho, não tenho o que fazer. *Lição número um*: tenha sempre a possibilidade de alguma tarefa construtiva, caso precise esperar. O pior foi eu ter percebido que jamais deveria ter concordado com o novo horário do encontro, sabendo que seria precedido de outro sem previsão de término. *Lição número dois*: nunca assuma compromissos mal definidos.

Assim, às 13h10, saímos para almoçar. Às 13h30, encontramos um bom lugar. Sentamos e conversamos até 14h45. Às 15h05, chegamos ao escritório dele, onde colocamos algumas coisas em ordem. Às 16 horas estou de volta em casa.

Essa é uma demonstração muito boa de como um breve encontro pode tomar um dia inteiro. Nosso contato durou realmente uma hora e quinze minutos. Todo o envolvimento tomou quatro horas e quarenta e cinco minutos, bem na metade do dia. *Lição número três*: só compareça a reuniões se houver uma necessidade real e identificável.

> SÓ COMPAREÇA A REUNIÕES SE HOUVER UMA NECESSIDADE REAL E IDENTIFICÁVEL.

Quando ocorre um desastre como esse (e eles vão ocorrer, apesar dos nossos melhores esforços), o importante é voltar imediatamente aos eixos. Senão, o efeito negativo pode estender-se por vários dias.

Ao chegar em casa, descubro que chegaram as fitas para o segundo estágio da mala direta. Assim, posso começar a enviar o primeiro estágio. O primeiro lote está pronto e ainda pego a última mala postal.

Hora da revisão diária do estudo – 210 itens, em especial de língua estrangeira. São 18h22. Eliminei as tarefas que me provocavam maior resistência desde que cheguei em casa (mala direta e estudo). Isso me faz criar alma nova. Estou bem. Sinto-me descendo a ladeira. Posso voltar minha atenção para itens que despertam menos resistência, mas devo monitorar isso, para não escolher tarefas por impulso. Verifico a agenda para o dia seguinte e a secretária eletrônica; há duas mensagens acerca das quais devo tomar providências amanhã. Tomo nota disso.

Às 18h27, baixo novamente os *e-mails*. Há várias alterações nas listas que organizo. Isso me ocupa até a refeição da noite, às 19h35. Em seguida, passo mais uma hora cuidando da correspondência.

Resumo do dia

> APRENDA COM SEUS ERROS PARA QUE SITUAÇÕES INDESEJADAS NÃO SE REPITAM.

Houve o desastre causado pelo encontro que, inesperadamente, tomou boa parte do dia. Ainda assim, consegui me recuperar. Avaliei o que deu errado e aprendi com o erro, de modo que a situação não se repita.

QUARTA-FEIRA – PROGRESSO EM TODAS AS FRENTES

Começo o dia com o telefonema já agendado de um cliente, às 9 horas. Em seguida, trabalho no livro até as 11 horas, quando levo minha filha para o trabalho. Na volta, continuo a escrever até 12h05, quando recebo o telefonema do tesoureiro de uma das paróquias, a quem escrevi na segunda-feira. Combinamos um encontro para a semana que vem.

Começo a tomar consciência de que resisto a reconhecer que meu escritório precisa de uma arrumação mais cuidadosa do que a que venho fazendo. Então, faço uma faxina completa no chão, que me toma uma hora e meia, interrompida apenas pelo telefonema de um representante de outra paróquia, marcando um encontro.

Sentindo-me muito eficiente, começo um rápido almoço tardio, mas sou interrompido pelo telefonema da equipe de produção de uma emissora de televisão que quer me incluir em uma nova série voltada para o auto-aperfeiçoamento. Querem detalhes da minha biografia e prometem enviar por fax informações mais detalhadas. Não há nada que eu possa fazer antes de receber tais informações.

Agora, são 14h15, e começo a cuidar de papéis, telefonemas e outras tarefas simples, o que me ocupa até 17h45. Então, lembro que venho adiando a devolução de um livro que peguei emprestado com um amigo, e preparo tudo para enviar pelo correio. Verifico mais uma vez os *e-mails* e respondo a um novo integrante da lista. São 18h45, e aproveito os 45 minutos antes do jantar para fazer uma revisão no vocabulário. Depois do jantar, dedico uma hora à minha mala direta, parando apenas para pegar minha filha no trabalho. Em seguida, levo uma hora e dez minutos preparando o informativo sobre *coaching* que pretendo enviar por *e-mail*. Hora de assistir a *Ally McBeal* na televisão. Terminado o programa, levo dez minutos para enviar os informativos. E cama.

Resumo do dia

Outro dia muito produtivo, em que as principais áreas da minha vida avançaram. Apesar de longo, não me deixou cansado, por causa da maneira energizante de trabalhar. Quando a resistência cai, o nível de energia sobe, e as realizações conseguidas ao fim do dia são definitivamente uma satisfação.

QUINTA-FEIRA – ALGUNS ERROS, MAS UM BOM RESULTADO

Tenho consulta com o dentista às 8h45, e ao voltar cometo o erro de não começar imediatamente a trabalhar nas tarefas que me provocam maior resistência. A volta de um encontro é sempre um *ponto perigoso*, e em vez de agir logo, fiquei lendo o jornal. Claro que isso fez com que me sentisse mal, que é sempre o resultado de comportamentos despropositados ou impulsivos.

Finalmente, às 10h37, reuni energia para trabalhar adequadamente. Minha maior resistência é contra a coleta de material biográfico para enviar à equipe da televisão, cujo fax chegou. Com esforço, completei a tarefa e mandei para o correio às 12h43. Sinto-me muito melhor.

Minhas contas vencem hoje e detesto tratar delas. Portanto, é o próximo item a ser atacado. Às 13h05, terminei e posso almoçar.

Decido-me então por alguma coisa menos ameaçadora, e baixo meus *e-mails*. Hoje são muitos, e em vez de enfrentar a tarefa, me distraio. Como resultado, só termino por volta das 17 horas. Para piorar, além de ter demorado tanto com os *e-mails*, sinto-me estressado e desconfortável. É o que acontece quando me permito agir em resposta a impulsos, em vez de superar a resistência. Esta é uma importante lição: o estresse surge quando *não* trabalhamos a resistência.

> QUANDO NOS PEGARMOS FUGINDO ÀS TAREFAS, A PRIORIDADE DEVE SER INTERROMPER ESSE PROCESSO.

Já que me desviei do caminho certo, o importante é voltar a ele, ou as conseqüências podem estender-se por vários dias. A fuga tende a ter um efeito frustrante. Portanto, quando nos pegarmos fugindo às tarefas, a prioridade deve ser interromper esse processo.

Para isso, paramos e nos forçamos a responder à pergunta: "A que estou resistindo?" Freqüentemente o próprio ato de perguntar já exige esforço. Como sempre, a maneira de diminuir a resistência é concentrar-se em segmentos cada vez menores, até chegar a alguma coisa que possa ser feita.

Eu sei que venho resistindo a uma tarefa por toda a tarde. Na verdade, existe algo a que resisto mais do que a cuidar dos *e-mails*, e o problema que tive está diretamente ligado ao fato de que não deveria ter começado por eles, deixando de lado uma atividade que me parecia mais desagradável. Cuidar dos *e-mails* foi, naquele momento, um meio de fuga – o que não aconteceria se a atividade fosse bem encaixada.

Assim, finalmente, forcei-me a perguntar a mim mesmo: "A que estou resistindo?" A resposta veio em alto e bom som: "A escrever o livro." A idéia de trabalhar no meu livro tinha provocado uma resistência considerável. Eu vinha evitando a tarefa durante o dia todo. Até a minha dificuldade em começar a agir, ao chegar do dentista, teve a ver com isso.

Aquela sensação de pânico paralisante que pode levar à fuga total começou a me invadir. No entanto, identificado o problema, eu sabia o que fazer. Simplesmente foquei o que sentia e me perguntei qual seria o primeiro passo. "Abrir o arquivo no processador de texto. Posso fazer isso? Sim!" Imediatamente, abri o arquivo e comecei a digitar. O sentimento de resistência havia desaparecido completamente.

Com certeza haverá ocasiões em que você terá dificuldade em agir. A chave é seguir a seqüência deste exemplo. Identifique os seus sentimentos e reduza a tarefa a um primeiro passo que seja fácil:

- "A que estou resistindo?"
- "Qual é o primeiro passo para fazer isso?"
- "Posso dar esse primeiro passo?"

Se a resposta à última pergunta for "Não", fracione o primeiro passo até chegar a uma pergunta cuja resposta seja "Sim".

Veja este exemplo:

Pergunta: A que estou resistindo?
Resposta: A contatar potenciais novos clientes.
Pergunta: Qual é o primeiro passo?
Resposta: Ligar para o cliente A.
Pergunta: Posso fazer isso?
Resposta: Não!

Pergunta: Qual é o primeiro passo para fazer contato com o cliente A?
Resposta: Procurar o número de seu telefone.
Pergunta: Posso fazer isso?
Resposta: Sim!

Resumo

Como tentei fugir da atividade a que mais resistia, o dia foi estressante. A maior parte das tarefas que usei como fuga seriam feitas de qualquer modo durante o dia, de modo que nenhum dano permanente foi causado. Apenas, executadas na ordem inadequada, provocaram estresse em vez de energia. Não tivesse eu, ainda no início da noite, reconhecido meu erro, os efeitos negativos poderiam estender-se por vários dias.

Assim, retomei o caminho e, à noite, trabalhei no livro durante cerca de uma hora e cuidei da mala direta.

A CAPACIDADE DE APRENDER COM OS PRÓPRIOS ERROS É ESSENCIAL AO CRESCIMENTO

Como consegui me recuperar na quinta-feira à noite, a sexta-feira foi mais um dia de progresso em questões importantes da minha vida. Se não acertasse as coisas na quinta-feira, provavelmente começaria mal a sexta.

Muitas vezes, a única maneira de anular os efeitos negativos de um dia mal administrado é retomar temporariamente as seqüências de períodos curtos de atividade.

O que se pode perceber ao observar este diário é que, sempre que alguma coisa saía mal, eu me dava ao trabalho de examinar a situação, para descobrir exatamente onde estava o problema e *por que* havia ocorrido. Assim, estava sempre pronto para melhorar meu desempenho.

Pontos de ação

- Um diário é um bom meio para identificar os problemas com o tempo.
- Adote um sistema para identificar itens que precisem de acompanhamento.
- Identifique os *momentos* e *locais* que representem perigo para você e redobre a sua atenção, evitando ações impulsivas.
- Quando alguma coisa der errado, procure retomar o caminho certo o mais depressa possível.
- Se descobrir que resiste demais a uma tarefa, a ponto de não conseguir começá-la, fracione-a até sentir-se capaz de dar o primeiro passo.

Quadro número 2
O efeito da utilização da resistência como guia

O que acontece quando se utiliza a resistência como guia	O que acontece quando não se utiliza a resistência como guia
Cuida-se primeiro do que é importante.	Atividades sem importância são executadas primeiro.
O dia fica cada vez mais fácil.	O dia fica cada vez mais difícil.
Dispersam-se a ansiedade e a tensão.	Crescem a ansiedade e a tensão.
Acabam os adiamentos.	Aumentam os adiamentos.
Faz-se o verdadeiro trabalho.	Realizam-se atividades improdutivas.
Reduzem-se as atividades improdutivas.	Evita-se o verdadeiro trabalho.
Mantém-se a concentração.	A atenção se dispersa.
Evitam-se crises.	As crises são freqüentes.

13

Ainda sobre as atividades profundas

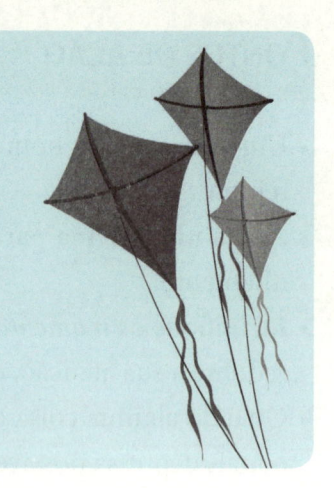

No sexto capítulo, discutimos algumas características do que chamo de *atividades profundas* – aquelas que nos levam a um envolvimento mais profundo com a experiência do momento presente. Abordamos então o contraste com a maior parte das nossas atividades, que tendem a tornar a vida mais ampla e rasa.

Claro que existe uma variedade imensa de possíveis atividades profundas. Neste capítulo, quero apontar apenas três. Sua característica especial é o fato de não valerem por si mesmas, mas pelo comprovado efeito positivo sobre nossa eficiência como um todo. Assim, todo o tempo reservado a tais atividades é recompensado por uma maior capacidade no decorrer do dia. Em certo sentido, talvez este devesse ser o primeiro capítulo, pois você poderia melhorar significativamente a sua capacidade de administrar o tempo, apenas pela incorporação destas três atividades à sua vida, ainda que ignorasse tudo o mais que foi dito neste livro.

Muita gente com certeza já pratica regularmente pelo menos uma destas atividades. Talvez você empregue um método completamente diferente do que recomendo. Se o seu funcionar, ótimo. Meu conselho se destina àqueles que tentam a atividade pela primeira vez, ou que já tentaram, mas não conseguiram transformá-la em hábito.

As três atividades a que me refiro são:

- caminhar;
- meditar;
- escrever.

A CAMINHADA É A MAIS FÁCIL, MELHOR E MAIS AGRADÁVEL FORMA DE EXERCÍCIO

Muitas pesquisas já foram feitas para demonstrar que o exercício físico faz bem à saúde. Uma conclusão interessante, porém, resultou de alguns estudos recentes: o exercício físico também faz bem à mente. As pessoas que se exercitam com regularidade são mais dispostas e eficientes no trabalho.

Talvez isso não seja surpresa para estas, pois é comum ouvi-las afirmar que o dia corre muito melhor quando fazem exercícios físicos. Em certa medida, isso vale para qualquer atividade profunda que ajude a estruturar o início do dia e nos deixe relaxados e alertas.

> EXERCÍCIOS FÍSICOS MELHORAM A EFICIÊNCIA GERAL DE TODOS OS PROCESSOS CORPORAIS.

Mas o exercício também melhora a eficiência geral de todos os processos corporais. E quanto mais eficientemente funciona o corpo, assim acontece com o cérebro, que é, afinal, uma parte importantíssima do corpo.

Infelizmente, toda uma indústria se desenvolveu para vender os mais modernos equipamentos "indispensáveis", se quisermos entrar na onda do exercício – de filmes a roupas esportivas, de aparelhos a academias.

Também parecemos seduzidos pela idéia do "condicionamento físico" como um fim em si. O indivíduo médio não precisa ostentar o físico de um boxeador ou atleta. Tudo bem se ele luta boxe ou é atleta, ou ainda se pretende ser. Mas, com franqueza, um funcionário de escritório com um físico exageradamente avantajado é mais ou menos como um veículo *off-road* reforçado, com tração nas quatro rodas, usado apenas para transportar as crianças entre a casa e a escola ou para ir ao shopping. A situação tem mais a ver com a imposição de uma imagem do que com a realidade de uma vida de saúde e eficiência. Condicionamento físico e saúde não são exatamente a mesma coisa. Qualquer um que tenha se machucado praticando esporte sabe disso.

Esse tipo de pressão exercida pela moda traz prejuízos, porque leva muitos a desistirem completamente de exercitar-se, ao perceberem que é impossível corresponder à imagem que se espera deles. Com isso, deixam de fazer um exercício que lhes seria realmente útil, melhorando a saúde e a agilidade mental. Diferentemente do tempo, do dinheiro e da determinação inabalável necessários para seguir a moda, este tipo de exercício é fácil e barato.

Na verdade, trata-se do mais fácil e mais barato de todos: a caminhada. Já está demonstrado que 20 minutos de caminhada firme, três vezes por semana, representam para a saúde benefício equivalente a qualquer outra forma de exercício. E são muito menores as probabilidades de causar contusões, seja a curto ou longo prazo, do que na maioria dos esportes. A caminhada força menos as articulações do que o *jogging*, é mais segura do que o ciclismo, mais conveniente do que a natação. Se você pratica uma dessas atividades, não quero dizer que deva desistir. Mas a caminhada é ideal para quem não se exercita suficientemente, pela falsa noção de que é preciso sofrer para colher os benefícios.

A outra vantagem da caminhada é o fato de ser uma atividade humana natural que nos leva para o ar livre. Somente isso nos ajuda a ver a vida com mais profundidade. Se somos daqueles que vivem grudados na tela do computador, a caminhada nos devolve o ritmo das quatro estações, nos faz experimentar novamente o que é estar sob o céu e oferece ao nosso corpo a oportunidade de operar a uma temperatura diferente da que temos em ambientes fechados. Caminhar é, em resumo, uma atividade agradável, prazerosa e saudável. O que a torna muito mais fácil de manter do que outros tipos de exercício.

Só quero deixar aqui dois conselhos, se você pretende estabelecer um programa (não preciso ensinar você a *andar*, não é?):

• use roupas adequadas;
• comece devagar e aumente o ritmo gradualmente.

A MEDITAÇÃO COMPROVADAMENTE MELHORA A EFICIÊNCIA

Existem numerosos estudos acerca dos efeitos benéficos da meditação: da melhora da saúde geral ao aumento, notado em executivos, da capacidade de resolver problemas no trabalho.

As pessoas que levam a meditação a sério, em sua maioria, relatam pelo menos alguns dos seguintes efeitos:

• Sentem-se mais calmas.
• É mais fácil relaxar.
• O dia corre melhor.
• Sentem-se menos impulsivas.
• A mente se concentra melhor.
• Os relacionamentos melhoraram.
• Trabalham com mais eficiência.
• Sentem-se mais em contato consigo mesmas.

Tal como a caminhada, a meditação é basicamente uma atividade humana simples, natural e fácil. Infelizmente, de maneira semelhante ao que acontece com o exercício físico, conquistou a fama de ser mais difícil do que realmente é. Além disso, atraiu todo tipo de associação espiritual e religiosa, o que afasta alguns e desvia outros de sua simplicidade essencial. A meditação não é uma prática mais (nem menos) espiritual do que sentar-se em silêncio para orar. Acomodar-se em um banco de igreja com a intenção de rezar a Deus é uma prática espiritual, e a meditação pode ser utilizada com a mesma finalidade, por aqueles que assim quiserem. Não existe, porém, razão para que quem pretende outros resultados deixe de experimentar seus benefícios.

Centenas de métodos de meditação e centenas de livros sobre o assunto estão aí. Se você quiser conhecer melhor o tema encontrará material à vontade. Mas se você visa apenas melhorar a sua eficiência no dia-a-dia, o método que vou apresentar produz resultados tão bons quanto qualquer outro. Além disso, é extremamente fácil, o que torna a meditação equivalente à caminhada, como exercício.

A maioria dos praticantes considera que a meditação funciona melhor quando feita todos os dias, e 20 minutos é a duração preferida. Busque um local tranqüilo, onde fique a salvo de interrupções. Sente-se em uma cadeira firme, com a coluna ereta, de modo que seja alcançado um equilíbrio natural. Dobre as mãos sobre o colo ou descanse-as sobre as coxas, com as palmas para cima.

Em seguida, feche os olhos e relaxe por alguns momentos. Preste atenção no som da sua respiração. Sempre que sentir a atenção se desviar, traga-a de volta para o som. Não importa quantas vezes isso aconteça. Simplesmente traga a atenção de volta, toda vez que ela tentar fugir.

É isso!

Escrever é o método mais eficaz de integração da mente

Escrever é uma das mais fascinantes atividades humanas. Foram feitos numerosos estudos acerca de seus efeitos sobre vários tópicos, tais como criatividade, saúde psicológica, inteligência e mesmo longevidade. Muitos indivíduos que consideramos gênios foram escritores bastante produtivos, seja qual for seu campo de interesse. Edison, Van Gogh e Einstein – para citar apenas três – deixaram uma quantidade quase inacreditável de documentos escritos. Já foi sugerido, inclusive, que sua genialidade seria resultado da prática da escrita, e não o contrário.

Parece haver indícios de que o cérebro humano precisa transferir para a linguagem idéias, sentimentos e experiências, antes de integrá-los completamente. Escrever é uma das melhores maneiras de facilitar esse processo.

Já apresentei neste livro vários exercícios escritos em que foram utilizados quatro métodos diferentes:

- escrita de fluxo livre;
- anotação de idéias surgidas durante uma sessão com duração predeterminada;
- completamento de frases;
- *scatter maps*.

> **Muitos indivíduos que consideramos gênios foram escritores bastante produtivos.**

Todos esses permitem que o cérebro transfira para a linguagem as conexões existentes, o que as deixa mais acessíveis a futuras conexões. São, portanto, exercícios progressivos. Se repetir algum deles sobre o mesmo tema por vários dias, vai perceber que as suas idéias se desenvolvem e mudam, às vezes drasticamente.

Os exercícios que apresentei são úteis quando se trata de problemas específicos, mas também é possível utilizar a escrita de maneira similar à adotada no exercício físico e na meditação – como prática regular e sistemática com a finalidade de melhorar seu desempenho como um todo. É o que se pode chamar de *registro diário*.

As maneiras de fazer um registro diário não são tão numerosas quanto os tipos de exercício ou de meditação, mas existem variações possíveis sobre o tema. A que vou apresentar é a que considero mais eficaz – intensiva, mas eficaz.

Pelo meu método, é utilizada a técnica da escrita de fluxo livre (veja a página 86) para escrever três páginas por dia sobre o assunto que me vier à cabeça. Uso um caderno ou bloco espiral em formato A4. A atividade dura mais ou menos 35 minutos.

Em vez de determinar o assunto sobre o qual vou escrever, deixo que a escrita me leve. É importante, porém, comentar tanto os fatos como os sentimentos despertados por tais fatos. Escrever apenas sobre fatos ou apenas sobre sentimentos não funciona tão bem.

> QUANDO ESCREVE SOBRE O FATO E SOBRE O SENTIMENTO DESPERTADO PELO PROBLEMA, VOCÊ PERMITE AO CÉREBRO INTEGRAR OS DOIS ASPECTOS.

Portanto, se escrever a respeito de um problema em especial, além de descrevê-lo, mencione a frustração causada por ele ou o medo de não encontrar uma resposta. Quando escreve sobre o fato e sobre o sentimento despertado por ele, você permite ao cérebro integrar os dois aspectos. Essa prática aumenta significativamente o que passou a ser chamado recentemente de *inteligência emocional*.

Minha experiência nessa atividade por um período de cerca de oito meses, em que perdi pouquíssimos dias, foi incrível. Na época, descrevi o resultado como a conquista de um novo cérebro. Minha mente se encheu de idéias, que pareciam saltar umas sobre as outras. Passei a ter muito mais energia, e os problemas com adiamentos desapareceram por si. Embora, por várias razões, hoje escreva mais esporadicamente, continuo convencido de que a prática me deixou para sempre mais alerta e consciente.

Claro que não posso garantir o mesmo efeito para você. Mas os indícios sugerem que, em sua maioria, as pessoas se beneficiam enormemente. Não custa tentar.

A INCORPORAÇÃO DESSAS ATIVIDADES À VIDA DEVE SER UM PROCESSO GRADUAL

Para quem pretende praticar essas três atividades, eis o meu conselho: evite começar todas ao mesmo tempo. É muito provável que não dê certo, pela importância dos ajustes necessários. Seria melhor escolher uma, estabelecê-la bem e, somente então, introduzir a segunda.

Você lembra, no sexto capítulo, quando eu disse que atividades profundas deveriam caber em determinadas horas do dia, de modo que não fossem "atropeladas" por outras? Experimente, até encontrar o melhor momento. Minhas preferências, que podem servir de ponto de partida para você, são:

- *Registro diário – imediatamente depois de acordar*. Para mim, é o melhor momento. A atividade é muito intensiva e, se ficar para mais tarde, resisto a ela. Assim, acerto o despertador para uma hora mais cedo, levanto-me e começo a escrever, antes de trocar de roupa, preparar um chá ou o que quer que seja.
- *Caminhada – hora do almoço*. Uma boa caminhada é o intervalo ideal para a hora do almoço, pois leva você para o ar livre e impede que coma ou beba demais. Você vai voltar com novo vigor e com mais disposição para enfrentar a tarde de trabalho.
- *Meditação – ao fim do dia de trabalho*. A meditação ao fim do dia de trabalho é um bom fecho para as atividades (lembre-se do efeito final), além de liberar as tensões acumuladas. Alguns preferem meditar imediatamente antes de ir para a cama, por acreditarem que assim conciliam melhor o sono. É uma questão de preferência individual.

Chegamos ao fim do livro. Se você pôs em prática o que escrevi, aprendeu mais do que somente a *fazer*, pois tornou-se uma pessoa corajosa, tranquila, saudável, inteligente e profunda. Desejo tudo de bom na sua jornada.

Pontos de ação

- Caminhada e outros tipos de exercícios aeróbicos suaves produzem um efeito benéfico sobre a agilidade mental e a saúde física.
- A meditação, comprovadamente, melhora a eficiência, ajuda os relacionamentos e deixa o indivíduo mais consciente.
- A escrita é o método número um para a efetividade mental.
- Introduza essas atividades gradualmente, e não todas de uma vez.

A l'alta fantasia qui mancò possa,
ma già volgeva il mio dissio e'l velle,
si come rota ch'igualmente è mossa,
l'amor che move il sole e l'altro stelle.

Aqui o poder extinguiu minha forte imaginação,
mas meu desejo e minha vontade
já se uniam, como uma roda bem balanceada,
pelo amor que move o sol e as outras estrelas.

(Dante, Paraíso XXXIII, 142-145)